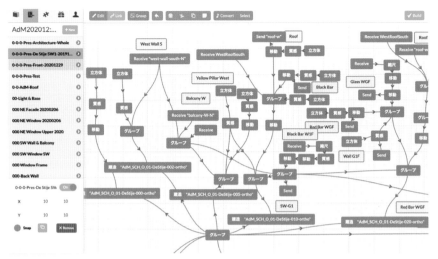

3次元建築モデルと音楽構造を生成する独自開発のコンピュータプログラム

A self-developed computer program generates a model of 3D architecture and the musical structure.

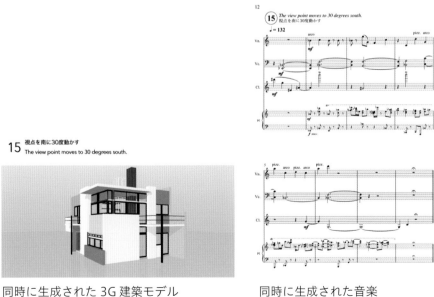

15 視点を南に30度動かす
The view point moves to 30 degrees south.

同時に生成された 3G 建築モデル

同時に生成された音楽

ファンズワース邸外観　©Toshihiro Osaragi

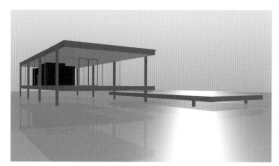

生成された 3G 建築モデル

同時生成された音楽

建築が夢見る音楽
Architecture dreams Music (AdM)

～音楽と建築をつなぐこころみ～

編著　古川聖　藤井晴行　濵野峻行

東京藝術
大学出版会

はじめに

古川聖

「建築を見たり体験した時に感じる何か音楽的なもの、反対に音楽を聴いたときに感じる建築、建築空間的なもの、それは何だろう」

「建築と音楽の異なるモダリティーが交差するような領域で何か面白いことが起きているのではないか、それを何かに生かしたり、表現にむすびつけたりすることはできないだろうか」

……そのような純粋な興味、直感的な感触から、わたしたちのプロジェクトは始まった。この本は長年にわたり、古川聖（作曲）、藤井晴行（建築のデザイン科学）、濱野峻行（メディアアーキテクト）が共同で行ってきた、音楽と建築に関する研究であり、実践でもあり、アートでもあるようなプロジェクト、《建築が夢見る音楽 / Architecture dreams Music》（以後、プロジェクト《AdM》）の内容やそこで生まれた作品や研究、そこで得た知見を記述、紹介するものである。

プロジェクト《AdM》は、現在、図0・1のように三つのサブプロジェクト（内側のマル）、《MbA》（建築による音楽、Music by Architecture）、《AMT》（建築音楽論、Architectural Music Theory）、そして《AbM》（音楽による建築、Architecture by Music）からなるが、本書では建築と音楽を関係付け、建築体験を出発点とする基盤から音楽と建築表現を同時生成し、結果として生み出された建築空間と音楽を同時に視聴、体験する作品表現、**《建築による音楽、Music by Architecture》**（以後、**《MbA》**）を中心に、そこで用いられた方法論、システム、意図などを古川、藤井、濱野が個別にそれぞれの視点から記述した。

三人はそれぞれが異なった専門領域を持っており、プロジェクト《AdM》において共創しつつも、各自の観点からの価値を創造する意図をもち、三人

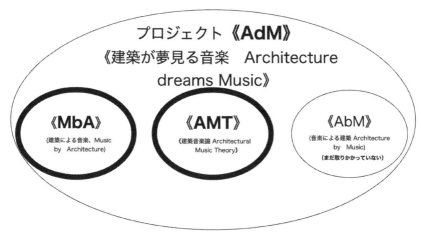

図 0・1

が広げた活動の円はピッタリと重なることはない。このプロジェクトは、一つの統一された研究や主張ではなく、共通部分をもちながらも、互いに矛盾し、どちらかに収束することもなく、その個別性を楽しむような、ポリフォニー（多声音楽）的なものを指向している。

　本書は八つの章と三つのコラムからなり、全体は以下のように三つの部分にわかれる。

第一部　　プロジェクトのはじまり
　主にプロジェクト《AdM》の成立、特徴、通時的、共時的位置付けに関する記述
　　第1章　プロジェクトのはじまり
　　　プロジェクト《AdM》の発端、その特徴、展望
　　第2章　つながる建築と音楽
　　　先行事例、プロジェクト《AdM》の背景、特殊性

第3章　プロジェクトの周り
　　　　プロジェクト《AdM》に関連するわたしたちがこれまでに行って
　　　　きた五つのプロジェクト紹介（映像リンクあり）

第二部　　表現の実践
　プロジェクト《AdM》のサブプロジェクトである《MbA》（建築による音
楽、Music by Architecture）における表現の実践についての記述
　　　第4章　音楽と建築をつなぐ表現の実践
　　　　創作表現にあたっての建築と音楽をつなぐソリューション
　　　　コンセプト、方法
　　　第5章　創作を支える仕組みのデザイン
　　　　作品制作の実際の流れと創作システムの構築
　　　第6章　作品の体験
　　　　《MbA》によるの三つの作品表現の解説（映像リンクあり）

第三部　　考察とひろがり
　藤井によるプロジェクト《AdM》の理論的の側面からの考察《建築音楽論》
と外部の執筆者による空間と音楽についての論考
　　　第7章　建築音楽論
　　　　建築と音楽を経験と構成原理の側面でつなぐ
　　　第8章　音楽に感じる空間
　　　　音楽と空間をめぐる考察

　そして三つのコラムでは、外部執筆者にこの本をめぐって、自由な文章の
寄稿をお願いした。

目次

本文中からの　作品へのリンク、資料へのリンクは
以下の URL または QR コードよりアクセスしてください。
https://data.geidai.ac.jp/furukawa.kiyoshi/index.html

プロジェクトのはじまり

第1章　プロジェクトのはじまり

古川聖

　この章ではまず、プロジェクト《AdM》につながる過去の研究、発端から始め、領域横断的に他の分野への広がりをもつ、このプロジェクトの現在地、そしてその独自のアスペクト、意義、未来について記述する。本章のあとには第2章「つながる建築と音楽」が続き、そこでは通時的、歴史的な視点からプロジェクトに光を当て、第3章「プロジェクトの周り」においてはわたしたちが行ってきた、プロジェクト《AdM》に関連したプロジェクトと比較を行い、さらにもう一つの異なった面からこのプロジェクトの特色について論じる。

1. 一つの発端、自動作曲システム、〈GestaltEditor〉

　「はじめに」で書いたように、プロジェクト《AdM》は三つのサブプロジェクトをもつ。その中のサブプロジェクト《MbA》とは端的に言うと、ある一つの構造計算式から音楽と建築空間を同時に自動生成するシステムである。そして、その源流にはコンピューターによる自動作曲、アルゴリズム作曲と呼ばれるものがある。コンピューター音楽の分野では、音楽を形式表現する、つまりシンボルや数を使って音楽を知識表現し、そのモデルから音楽を生成する研究、実践がコンピューターが発明されて以来、長らく行われてきた。

　古川は1990年代からコンピューターを使った作曲を行い、非線形構造などの数的な構造や音楽自体、音楽スタイルをモデルとしたアルゴリズム作曲など、様々なタイプの生成音楽作品を制作してきた。プロジェクト《AdM》、そしてプロジェクト《MbA》はそれらの延長線上にある。プロジェクト《AdM》

において建築空間と音楽をリンクさせることを考える場合、まず建築、建築体験の知識表現、そして音楽の知識表現、つまり音楽の構造（メロディー、対位法、和音、音階、モード、リズム、分節化、階層性 etc.）のモデル化が必要になってくる（第 4 章参照）。

　プロジェクト《AdM》の直接の発端の一つは古川が 2003 年ごろからプログラミング言語 Lisp を使って開発していたアルゴリズム作曲のための自動作曲システムにある。このシステムがプロジェクト《AdM》で現在使われている生成システムの原型で、それは 2005 年ごろ、藤井と共同で始めた FF-System（古川と藤井のイニシャルをとったもの）に引き継がれ、それに 2009 年からはオランダから帰国した濱野が加わり、三人のコラボレーションがスタートした。濱野によりプログラミング言語 Lisp を使ったシステムは、ビジュアルインターフェイスをもった音楽生成のための WEB アプリケーションとして移植され、〈GestaltEditor〉（ゲシュタルトエディター）という名が付けられ開発が続けられた。

　〈GestaltEditor〉は単に数式や規則から音楽を生成するのではなく、音楽のゲシュタルト的認知的構造も記述、表現できる点に特徴がある。2014 年以降、〈GestaltEditor〉に音楽生成だけでなく、同時に空間構造を生成する機能が徐々に付け加えられ、わたしたちが待ち望んでいた、音楽と建築構造を多元的に同時生成するシステムの開発が途についた（第 5 章参照）。2017 年以降に、この〈GestaltEditor〉を使いプロジェクト《AdM》（「建築が夢見る音楽／ Architecture dreams Music」）として建築空間体験と音楽体験に橋をかけるクロスモダリティーの実験と研究、そして、プロジェクト《MbA》としてまず建築を中心に音楽を生成する作品制作が、古川、藤井、濱野の三人によって始められた。

2. もう一つの発端、庭園空間の体験

　前節ではプロジェクト《AdM》の一つ目の発端として、コンピューター

音楽、アルゴリズム作曲やわたしたちが開発したコンピューターのシステムについて記述したが、プロジェクト《AdM》のもう一つの源流は古川と藤井が環境デザイナーの清水泰博と 2000〜2002 年にデザイン学の立場から行った、池泉回遊式庭園の体験を音楽に翻案する研究にある（藤井、et. al.,2006）。図 1・1 池泉回遊式庭園（例えば桂離宮、等持院など）では池を中心とした庭園空間に種々の異なった象徴性をもった多数の構成要素や建物が配置されている。庭園、それ自身は固定された静的構造をもち、それは（少なくとも作庭当初は）作庭師によってプランされたパス、順路に沿って歩くことが想定されていた。庭園の構造を一点から鳥瞰するのではなく、その構造の中に入って歩き、空間の中に様々に展開される風景を順番に、時間的なシーケンスとして体験するということと、音楽体験、つまり音楽作品全体を時間軸の中で分解し、順番に順序構造に沿って感受し、記憶し、比較し、頭の中で構成しつつ聴く、という体験の比較を行った。

　この池泉回遊式庭園の研究は、プロジェクト《MbA》において建築物と

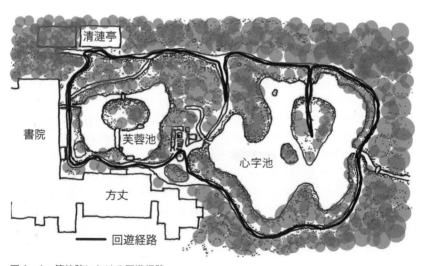

図 1・1　等持院における回遊経路

いう静的な構造を様々な視点から切り取り、身体的を通して時間的なシーケンスとして認知、体験するという研究に強い類似性があり、直接これにつながっていくものである。

3. プロジェクトの特質、現在と未来

　前の二つの節では現在のプロジェクト《AdM》へとつながる、二つの源流について書いた。ここではプロジェクトのもつ現在、そして未来へと広がる、わたしたちのアプローチ独自のアスペクト、特徴について記述する。これらは現在のわたしたちをとりまく文化的社会的状況、アートの動向、わたしたちの生活の中に広がる新しいテクノロジー、メディア、科学などの成果、発展とも密接に関係している。これらの複雑に入りくんだ地平全体を見渡すことができない中、いくつかの方向性、意図をもち、わたしたちのプロジェクトは模索され、進められている。

3. 1. 共通感覚的視点　マッピングではなく〈共鳴〉
　プロジェクト《AdM》は建築の視覚的、空間的認知と音楽認知などの異なるモダリティーにまたがるプロジェクトである。そこでは建築から音楽、または音楽から建築という翻訳、マッピングではなく、モダリティーをこえた建築的体験と音楽体験の統合による新しい体験、総体的、共通感覚的（中村、1979）な知覚、体感的認知のようなものを目指しており、この統合された新しい体験の様相に、わたしたちは〈共鳴〉という言葉を宛てている。第4章においてその〈共鳴〉の様相についてより詳しく説明する。

3. 2. 音楽認知と建築空間認知の共振、知覚のマッシュアップ
　さて、前述の総体的、共通感覚的な〈共鳴〉を起こすためにプロジェクト《MbA》では、音楽認知、建築空間認知など、それぞれの構成原理をモデル化（第4章参照）、コード化、データ化、つまり数字、数的関係により表現し、

そしてこの建築や音楽などの異なったモダリティーが共有する、数に置き換えられた共通する表現形態が可能とする、コンピューターコードのレベルでの、複数のモダリティーを横断するマッシュアップ、交雑（次節を参照）を試みた。わたしたちは、そこに新しい総合的な認知、感受への突破口を探している。

3. 3. メタメディアとしてのコンピューターの使用

かつてのコンピューターはハードウェアとソフトウェアが一緒になっていたが、「現代のコンピューターにおいてはハードウェアとソフトウェアの完全な分離が成し遂げられ、コンピューターはメタメディアとなった、そのことはコンピューターを学習、発見、芸術的創造のためのダイナミックメディアにかえた」（マノヴィッチ、2004）というような状況が生まれている。プロジェクト《MbA》においては個別にモデル化、モジュール化された建築表現、音楽表現、音楽演奏、CG表現などのシステムが一つのシステムとしてコンピューターの中で連携されている。つまり、モジュール化された複数のシステムが相互にデータのやりとりを行い、表現のためのデータの交雑、相互マッピングが行われる。プロジェクト《MbA》はメタメディアとしてのコンピューターが全体をコードレベルでつなぐ、新しいタイプの創造のためのプラットフォームをもつと言える。

3. 4. 新しい総体的認知のための方法、トランスコーディング

では前記の「表現のためのデータの交雑」による総体的、共通感覚的な〈共鳴〉が、今までの視覚と聴覚（音）を使った表現とどの点が異なるか考えてみよう。例えば、疾走する象の映像（視覚＋音）のリアリティーは象が走り（視覚）、足が地面を叩き、その現象から音（聴覚）がでてくる、それは一匹の動物が起こす実際の物理現象から生まれたものだ。この場合、象の動き（視覚認知）と音（聴覚認知）の組み合わせは実世界を反映したリアルなものである。一方プロジェクト《MbA》において、建築空間的認知と音楽的認知

を関係づけて行われる表現は、実世界の事象のような、現実世界を直接反映したものではない。メディア研究者のレフ・マノヴィッチは『ニューメディアの言語』（マノヴィッチ、2013）でメディアのコンピューター化を通して、文化的レイヤーとコンピューターのレイヤーがコードレベルで影響しあう様子をトランスコーディングと呼んだが、わたしたちはそれをさらに推し進めるべく、モデル化、形式表現された建築空間認知データと、同じくモデル化、形式表現された音楽表現データの数値同士の相互マッピングから生まれる、インタラクティブな、現実の物理世界を直接には反映しない、しかし数値レベルでは密接な関係性をもつ、もう一つの統合的、共感覚的リアリティーを目指している［注1］。

　つまりプロジェクト《AdM》は音認知と視覚認知の共振、知覚のマッシュアップ、トランスコーディングなどを前提とした、新しい認知形式の試みである。

3. 5. 仮想アンサンブル、音楽の演奏、extEnsemble

　プロジェクト《MbA》においては表現として CG（視覚）空間と音が用いられるが、実際の音楽表現にはいろいろな方法があり、現在まで以下の三通りの方法を用いてきている。

1）コンピューター制御のピアノによる自動演奏

　　特徴：生楽器の豊かな音響、コンピューターによる精緻なリズムコント
　　　　ロール

2）演奏家による楽器演奏

　　特徴：生楽器の豊かな音響、演奏家による解釈が加わる醍醐味

3）extEnsemble（下記参照）

など

　ここでわたしたちが 3）extEnsemble（extended Ensemble エクステンディット アンサンブル）と名付けた、《MbA》特有の演奏表現媒体について説明する。これはコンピューター制御による電子音響による音楽生成システ

ムであるが、音声をすべて電子的に合成するのではなく、実際の楽器演奏音からのサンプル音をベースにした複数の仮想楽器（sample based virtual Instrument）から成立するコンピューター内の仮想のアンサンブル形式である。仮想楽器では楽器音のほか、環境音のサンプル音など、デジタル化されているものであればどのような音声でも使用する。仮想楽器は基本的には伝統的な楽器の奏法、音域を出発点とする。しかしそれは実際の楽器のシミュレーションではなく、楽器の本来の演奏法をこえて、自由な音色、音形、奏法の変容が行われるハイブリッドな楽器である。とりわけ《MbA》にとって重要な点は、この楽器が全体の建築空間も含めた生成システムの中に、その一部として組み込まれている点である。そのことで先に書いたように建築表現、音楽表現、CG 表現などと仮想楽器がコードレベルでのデータ交換が可能となっている。extEnsemble からの音は舞台上に置かれたスピーカーを通して聴かれる。また、この extEnsemble に実際の演奏家による楽器演奏を組み合わせる第 4 の音楽表現媒体も計画している。

3. 6. やわらかい作品、個別の作品からパフォーマンスへ

　先に書いたように、コンピューターをメタメディアとして用い、用途の異なる複数のソフトウェアが、コードのレベルでデータを相互マッピングしながら表現を行うわたしたちのシステムにおいて、その表現形態は旧来の表現メディアの形式である、本、楽譜、CD、フィルムのような表現を固定し、個別化するような形式である必要はない。わたしたちの生成システムは表現形式も含めソフトウェアの形式をもつので、時間軸も、順序構造も組み替え自由で、表現も一通りに固定された作品である必要はない。それは開かれた形式、可変性という特質をもち、インタラクティブに実時間で変更、組み替えることもできる。結果として数通りの表現を並置し、発表においてそれらから選ぶことも、並び替えることもできるし、作品は状況により変化するパフォーマンス性、一回性を多分におびることもある。今回《MbA》においては映像＋音として固定したものを用意したが、実は固定し提示したもの以

外に無数のバリエーションがありうるし、次の表現段階では、もっとやわらかい可変な作品表現の方法を試みたい。

3.7. コラボレーション、異分野共創における創作とアートのかたち
特色あるコラボレーション

　複数の人間が共創するような創作のスタイルとしては、近年、アートの分野ではアート・コレクティブ（art collective）というスタイルが知られている。この場合、参加者は異分野というより、主に複数のアーティストから成る場合が多い。また、その他、一人のアーティストを中心にその作品、表現の実現のために科学者など、アート以外の異分野の人たちも参加するコラボレーションも行われてきた。わたしたちのコラボレーションはそれらと少し異なり、以下のような三つの特色がある。

　（1）必ずしもアートやアーティストが中心に置かれていない。

　（2）「はじめに」にも書いたようにコラボレーションの目標が一つではなく、　参加者ごとに異なっていてもかまわない。つまり複数あることもある。

　（3）その結果、「はじめに」で書いたようにプロジェクト《AdM》はいく　つかの異なった視点、アプローチを掲げたサブプロジェクトをもってい　て、これから増やすこともできる。

結節点としてのメディアアーキテクトの新しい役割

　わたしたちのこのプロジェクトにおいては、コンピューターの使用は必須事項であり、それは建築空間のレンダリングや音楽データの生成という単なる計算でだけでなく、AI も含めた各種のデータサイエンスのアルゴリズム手法などのプロジェクトへの適用などにも使われる。またそれは全体計画、実際の表現のための実験、メタレベルでのプログラミング設計のようなことのためにも不可欠なコンポーネントとなっている。

　そのために前述のようにメタメディアとしてコンピューターを駆使し、従来のクリエイティブコーディングというようなものの範疇をもこえた、総合

的なコンピューターサイエンティスト、言わば**メディアアーキテクト**と言うべき、新しいタイプのクリエーターが必要とされている。その意味で、プロジェクト《AdM》でその任を担う、濵野のプロジェクト内に占める役割は象徴的であり、新しいものである。彼はコーディング全般および CG、3Dモデリングや、建築、音楽、作曲に対する深い知識に基づいた表現システムの構築を行い、プロジェクトの結節点として、本プロジェクトにおいて複数の専門性をつなぎ共創の場の実現に多大な寄与を行っている。プロジェクト《AdM》のような新しいタイプの異分野共創のプロジェクトにおいて、今後、ますます濵野のような新しいタイプのクリエーターの存在とその役割の重要性を考えていく必要があるだろう。

3. 8. 構成論的アプローチ、アート、研究の現場
構成論的アプローチ

研究においては分析的・記述的方法ではなく、実際にシステムやモノを作って動かし、観察することによって理解しようとする方法を「構成論的手法」と言ったりすることがあるが、わたしたちのプロジェクト《AdM》におけるアプローチも、これに近い方法をとっている。モノを作って動かす、つまり作りながら、途中結果をみながら考えるというやりかたは、アートにおいても、とくに多くの人が関わるコラボレーション形式のものでは、現実に即した一般的な方法だと考えられる。本書のほかの章で藤井、濵野もそれぞれの立場から、このコラボレーションのための「構成論的手法」に言及しているので、そちらも参考にしてほしい。

アート、研究、一人称研究

アートや表現に関わる行為は大袈裟な言い方になるが、「美的判断」、つまり美しいとか、意義深いだとか、その表現の価値を直感的に判断しながら行われる。容易に数値化できないような感性に関する変数を多く含む、建築的表現とか音楽表現、しかも両者の関係性にアプローチするためには、人間に

よる、ある種の総合判断が常に不可欠となる。その総合判断を通し、プロジェクト《AdM》から生み出された表現や洞察は、わたしたちの感性を通した、一つの個別の結果であると言える。それは直接に万人に有効な一般性を目指すものではなく、研究という意味からはこのプロジェクトは一人称研究の様相をももつと言える（諏訪、et. al., 2015）。このプロジェクト《AdM》においては成果として作品表現や、そこに現れた独自のアスペクトの洞察、研究とともに、それを生み出した方法や、判断の理由が可能な範囲で示される。そしてこのプロジェクトはアート作品のようにその表現や洞察の個性、個別性、そのオリジナリティーを通して、ある種の一般性、普遍性につながっていくものであると考えている。

〔注〕
1　レフ・マノヴィッチはニューメディアの特徴として、以下の五つの事項をあげた。1)数字（形式言語の一種）による表象、2) モジュール性、3) 自動化、4) 可変性、5) トランスコーディング。そして「まず、数字による表象（numerical representation）。最初からコンピューターで作られようと、アナログデータから変換されようと、ニューメディアの産物はデジタルデータから成っている。」としている。

〔参考文献〕
1　藤井晴行、古川聖、清水泰博「池泉回遊式庭園の体験と音楽体験との共通性と差異の音楽生成システム援用による比較」、第 29 回情報・システム・利用・技術シンポジウム、日本建築学会情報システム技術委員会、2006 年、pp. 49-54。
2　中村雄二郎『共通感覚論』、岩波書店、1979 年。
3　レフ・マノヴィッチ、（大山真司訳）「カルチュラル・ソフトウェアの発明」『アフター・テレビジョン・スタディーズ』、せりか書房、2014 年、p. 116。
4　レフ・マノヴィッチ、（堀潤之訳）『ニューメディアの言語』、みすず書房、2013 年。
5　諏訪正樹・堀浩一編著、人工知能学会監修『一人称研究のすすめ　知能研究の新しい潮流』、近代科学社、2015 年。

第2章 つながる建築と音楽

藤井晴行

　建築と音楽の関係性を〈表現構造〉、〈経験〉、〈構成原理〉の観点から捉える。
〈表現構造〉の観点は建築や音楽を経験可能なものごととして実体化する
形相と質料に注目する。形相は、建築や音楽を非建築や非音楽から区別され
るものごと、あるいは、ある種類に属する建築や音楽をその種類には属さな
い建築や音楽から区別されるものごととして成立させる表現構造の形式を定
義する。建築の代表的な形相は、空間構成、形態の様式などである。音楽の
代表的な形相は旋律である。質料はものごとがそこから生成され、生成され
たものごとに内在している素材である（アリストテレス、2017）。質料に形
相を与えることによって、あるいは、質料を用いて形相を具現化することに
よって、具象的なものごとが生成される。建築の代表的な質料は、木材、石、
土、鉄、ガラスなどの、いわゆる建築材料である。音楽の代表的な質料は旋
律（形相）を音にする楽器音であろう。形相と質料は必ずしも互いに独立し
ているわけではない。コンクリートや鉄を、質料として、導入することによっ
て、石や煉瓦を組積する構造と比較し、建物の形態の自由度が上がる。また、
楽器にはそれぞれの音域があるため、使用する楽器で演奏できる旋律（形相）
の範囲が限られる。

　〈経験〉の観点は感覚、知覚、行動を通した建築や音楽と人間の関わり方
—交流（interaction）—に注目する。

　〈構成原理〉は表現構造の創出に関わる形相の構成や質料の選択を規定す
る原理に注目する。構成原理には内因的原理と外因的原理がある。内因的原
理は建築や音楽の表現構造を建築や音楽の概念の内側から規定する原理であ
る。外因的原理は建築や音楽という概念の外部にあるものごとによって建築
や音楽の構成を規定する原理である。内因的であるか外因的であるかの区別

は建築や音楽の概念に相対的である。狭義の建築や音楽の概念は居住者や鑑賞者を建築や音楽の外部にあるものごととみなす。この場合、居住者にとって心地よい建築空間、鑑賞者にとって心地よい音の響きや調和した外観の実現に関わる原理は、建築や音楽をそれらの外部から規定する外因的原理となる。

　表現構造、経験、構成原理は相互に関連し合っている。表現構造は構成原理に基づく制作を経て創出される。建築や音楽を経験するということは、建築に居住したり、音楽を演奏したり、鑑賞したり、建築や音楽を制作したりすることを通して、建築や音楽の具体的な表現構造と交流することでもあり、表現構造の深層にある構成原理を理解することでもある。建築や音楽の構成原理には人間が、建築を建築として、音楽を音楽として認識する機序として理解されるものごとが埋め込まれる。すなわち、表現構造、経験、構成原理の間には循環的な関係性がある。

　建築も音楽もそれぞれ多次元の〈表現構造〉をもつ。〈表現構造〉の水準で建築と音楽を関係づけるということは、それぞれの〈表現構造〉を特徴づける多次元空間をどのようにマッピングするかということになる。形相を特徴づける各概念はそれぞれの次元をもつ。質料を特徴づける各概念についても同様である。建築空間や建築部位の形状や位置は、一般的に、幅、奥行、高さという、直交する三次元の空間で特徴づけられる。建築空間をつなぐ動線は、上記の三次元に移動する時間という次元が埋め込まれている。建築部位の色も一つの次元である。建築部位の実体化に用いる建築材料もさらなる次元である。音楽においては、音符で表される一つ一つの音は、高さ（音高）、長さ（音価）、強弱などの次元をもつ。各音が時間次元［注1］の上に配置されて旋律となる。音を奏でる楽器も次元の一つである。建築と音楽の〈表現構造〉に共通することは、どちらも時間と空間の次元をもつということである。一般的には、建築は建築部位を配置して建築空間を具象化することが基本であり、音楽は音を時間の中に配置することが基本であるということから、建築における空間と音楽における時間の関係性がしばしば論じられる。

　建築や音楽の〈経験〉も、五感が関わっているという意味で、また、心地

よさ、美しさ、楽しさなど、さまざまな観点から語られるという意味で、多次元である。建築空間の回遊には時間が関わり、音楽の演奏や鑑賞には空間が関わっている。演奏家の身体動作は空間における身体部位の位置の変化をともなう。演奏時の楽器の配置には空間が関わる。

　建築や音楽の〈構成原理〉が多次元であることは、〈構成原理〉が〈表現構造〉と〈経験〉を関連づける概念であり、〈表現構造〉と〈経験〉と関わりをもつということから、直感的に明らかである。このことに加えて、建築空間のまとまりや音のまとまりなどの階層という次元、建築や音楽の制作における順序という次元などもある。

1. 音楽の〈表現構造〉に見られる数理を建築に導入する

　古代ギリシャの音楽論における整数比の概念は建築論に影響を与えている。神々が創造した音の調和をもたらす数的秩序を人間が創造するものごとの数的秩序として用いている。ピュタゴラス（Pythagoras）は、感覚的で主観的な心地よさを与える協和音［注2］が、周波数（弦の長さ）の単純な整数比を用いて客観的に説明されうることは世界を支配する構成的秩序もまた単純な整数比によって規定されていることを意味すると考えた（大愛、2021）。音楽におけるカノン（canon）は複数の声部を同型の旋律で音の高さを変化させて異なる時間で重ねることを基本とする。このとき、同時発声が許容される音の周波数比は単純な整数比である。人間はこの数比関係を音の響きとして聴覚を通して認識する（水野、web）。アリストテレス（アリストテレス、1959、1961）は、美の最も主要な形相（形式）の三つの原理として、秩序（タクシス、各部分の空間的配置）と均斉（シュムメトリア、各部分の均衡のとれた比例的な大きさ）と被限定性（ト・ホリスメノン、全体の大きさ）をあげ、これらのことを主として示すのは、存在するものごとを、数や図形などとして考察する数学的諸学（算数学、幾何学、天文学、音楽理論）であると説明している。

ギリシャ人は建築を「原理を知る工匠の技術」として理解し、混沌（chaos）からものごとを区別して存立させる秩序（taxis）をもつことをその原理とし、建築の表現構造がもつ秩序の本源は理性にあるとして数理的に理解してシュムメトリア（symmetria）とよび、有形なものの制作（造形）の核心とした（森田、1978）。シュムメトリアは建築の物体的構造や空間構成における全体およびそれを構成する部分の寸法や建築要素の配置間隔が一定の単位量（modulus）の整数比となっていることを意味する。この秩序概念は音の数的秩序であるハルモニアから生じている。

　ローマ時代の建築家ウィトルウィウス（Vitruvius）（ウィトルーウィウス、1979）は、人間の全体の姿に対する肢体の寸法比が構成する数列は建物の全姿に対する建築要素の寸法比に対応づける数理的規範となる数列（canon）であると説いている。また、劇場建築の舞台と階段客席の空間を構成する建築要素の寸法比を、ハルモニケーとよばれる音程（音の高低の距離）や音階の体系的構造を数比によって表現する音楽理論と関連づけている。これは舞台の音声を明瞭かつ爽やかに観客の耳に到達させることを目論んでいる。アルベルティ（Alberti）（Alberti, 1991）は彼の『建築十書』（De re aedificatoria）において、協和音を構成する複数の音程の整数比を、広場のような平面の幅と奥行の寸法比、居間やホールなどの空間の幅と奥行と高さの寸法比に適用することを提案している。

　ルネッサンス時代のブルネルスキ（Brunelleschi）によるフィレンツェのサンタ・マリア・デル・フィオーレ大聖堂の空間構造比（身廊の長さ、交差部の幅、後陣の長さ、クーポラの高さの比）とその献堂式（1436年）のためのデュファイによるモテット（無伴奏多声合唱曲）《Nuper Rosarum Flores（先ごろ薔薇が）》において4回繰り返されるテノール部の旋律の長さの比はどちらも6:2:4:3である。大聖堂とモテットの整数比を一致させる意図の有無は定かではないが、この一致は経験における共通性の現れであるとも考えられる。また、この整数比は旧約聖書のソロモンの神殿構造のものであるという説がある（Wright, 1994）。

シェーファー（Schafer, 1977）は音楽の二つの起源をギリシャ神話から次のように読みとっている。一つは宇宙に存在する物質の音響特性を発見することによって生まれた音楽であり、一つは悲劇に対する主観的な感情から生まれた音楽である。前者においては、音楽を説明するために数理が用いられている。

　コンピューター音楽の領域では、既存の音楽の構造（旋律、対位法、和音、音階、モード、リズム、分節性、階層性など）に関する知識の形式表現に基づき、人間から独立した、自動作曲やアルゴリズム作曲（Roads, 1996）という音楽研究、音楽制作は常に活発に行われてきた。現在では、ニューラルネットワーク、制約プログラミング、パターン照合検索、フラクタル、1／fゆらぎ、ベイズ推定、形式文法（生成文法を含む）などの音楽と関わりがある数理を援用して自動作曲する試みがなされている。建築のデザイン・コンピューティングの領域では、コスタスの著書（コスタス、2010）の日本への紹介に前後し、先端的な建築家たちによる形態創生やアルゴリズミック・デザイン（日本建築学会、2009）などが活発になっている。これらの研究的実践の多くは数理や計算を建築の表現構造や音楽の表現構造の生成に応用するものである。

2. 建築の〈構成原理〉と音楽の〈構成原理〉の関係性

　特定の音楽と特定の建築を関連づける実践を、〈構成原理〉を構築することによって試みたものがいくつかある。

　クセナキスは建築構造やその生成プロセスを音楽の生成を決定づける根拠としている。楽曲《メタスタシス》（1955年初演）の作曲とブリュッセル万博フィリップ館（1958, 設計：ル・コルビュジエ）における形態生成を共通する構成原理を用いて行った。確率論的な論理を導入する作曲法を考案し、複数の長いグリッサンドを絡ませて連続的に進展する音空間をつくり、グリッサンドを直線で表して線織面をつくるという構成原理をフィリップス館

の外形の生成に用いた(Xenakis, 1992)。音楽の時間内にある音高、音の強さ、順序構造などの計測可能な要素を音楽の外にある建築の計測可能な要素である形態に対応づけている。このとき、音楽の認知や情動は音楽の時間外にあるものとして位置づけられている。クセナキスの試みはコンピューター音楽の一領域アルゴリズム作曲（計算による音楽の自動生成）や建築のアルゴリズミック・デザイン（形態の自動生成）に発展している（建築構造の音への視聴覚の非同期マッピングによる作品、共通する抽象構造を異なる表現構造に変形する）。フランスのラ・トゥーレット修道院（1959, 設計：同）や日本の国立西洋美術館（1959, 設計：同）において、縦枠材の列の間隔をル・コルビュジエが提案した黄金比に基づく基準寸法の系列であるモデュロールの青系列と赤系列の数値を大きい順に並べた間隔に設定して、視覚的に波動を連想させる原型をつくり、作曲手法のように原型を反復させたり逆行させたりして配置することによって形態を決定する「波動式ガラス壁」という建築要素を提案した。

　リベスキンド（Daniel Libeskind）はベルリンのユダヤ博物館（1993-1999年）の設計において、音楽の構成原理を建築の構成原理に写像している。彼によれば、シェーンベルグの未完成のオペラ《モーゼとアロン》の第三幕を建築で表現している（Poligrafa, 2014）。《モーゼとアロン》のもつ思想と表現構造にリベスキンドの建築意図が共鳴する形の思念、構想における関係性が見られる。《モーゼとアロン》は十二音技法という現代音楽の作曲技法を用い、第二幕まで作曲されている。十二音技法は十二音の全てを含むセリーという音列を原型とし、原型と原型を逆行、反行、または、逆反行させた音列を用いて音楽を構成する作曲手法である。ユダヤ博物館の設計においては、「セリー・コード」または「アルファベット」と名づけられた形態パターンが作成され、窓の形や空間構成が「セリー・コード」に基づいて決定されている。ただし、「セリー・コード」がどのような論理に基づいて配置されたり、組み合わせられたりしているのかは明らかにされていない。

3. 建築の〈経験〉と音楽の〈経験〉の関係性

　建築の経験と音楽の経験の関係性は多くの芸術家、文学者、研究者などによって語られたり、論じられたり、具現化を試みられたりしてきている。

　竹内昭（竹内、1996）や芦津丈夫（芦津、1988）は「建築は〈凍れる音楽〉である」あるいは「建築は〈凝固した音楽〉である」という隠喩に注目し、建築を音楽に喩える言説を関連づけて、建築と音楽という異芸術間における類似性やその感覚の互換性や共通感覚について考察している。これらによれば、「建築はいわば凝固した音楽である」という隠喩を用いたのはシェリングであり、彼は「建築は空間における音楽であるがゆえに、算術的あるいは幾何学的な釣り合いをもっている」と説明している。ゲーテはこの着想に関心をもち、秘書エッカーマンとの対話において「建築から流れ出る雰囲気には、音楽に似たものがある」と語り、さらに『箴言と省察』（ゲーテ、2003）の中で「（〈凝固した音楽〉という）立派な着想をもう一度取り入れるには、建築術を沈黙した音楽と呼ぶのが最上であろう」と述べている。この隠喩に関して、ヘーゲルは、建築を凍れる音楽と理解することは、数に還元されるような、根本的には容易に把握できるような形式関係の調和に立脚していると、ギリシャ時代やローマ時代の建築の考え方を踏まえて、評している。ショーペンハウアーはこれに対して、リズムとシュムメトリアの類似のみに音楽と建築の類似を還元するのは外的形式の範囲を一歩も出ぬものであると批評している。フェノロサもまた「建築を以て音楽の凍りて形に現はれたる者とせり」と述べている。日本では、美術評論家黒田鵬心が薬師寺東塔（三重塔）の一重ごとに軒の出が屋根よりも短い裳階がついている様子を、幅と高さの均整に寸分の隙も無く、強い音と弱い音のリズムが空間的に具現化されていると評し、「凍れる音楽」という隠喩を薬師寺東塔にあてはめている。

　このような象徴的な関連づけは実証性に欠けるともいわれる（五十嵐 et al., 2008）が、建築の外観を見るという経験をした者が音楽を想起している

図2・1　薬師寺東塔の近景（左）と遠景（右）

という事実は否定できない。

　作曲家が音楽の経験と建築や空間の経験とを関連づける作品を制作した例もある。サティは「家具の音楽」、「音楽的な家具類」などと称するいくつかの楽曲を、自己主張をせず、人から意識的に聴かれることのない、日常的な生活の場の雰囲気をつくる家具のような音楽として制作した（秋山、2016）。建物が場をつくるように、音楽も日常生活の空間を構成する要素の一つになっている。シェーファーによる「サウンドスケープ（音の風景）」における視環境と音環境の統合及び音環境と共同体との相互作用の場の提供の試みなども、建築と音楽の経験による関連づけと解釈可能である。ムソルグスキーの組曲《展覧会の絵》は、1873 年に 39 歳で他界した彼の親友の建築家で画家であるヴィクトル・アレキサンダー・ハルトマンの水彩画や建築図面などの遺作展覧会（ペテログラードにおいて 1874 年に開催）を鑑賞したときの印象を音楽で表現している（奥村、1958）。展示作品のタイトルを冠した小曲の前後に何回か現れる「プロムナード」はムソルグスキー自身の展覧会会場を歩くという経験を表現しているといわれる。

経験の関係性を実証しようとする研究も行われている。別個の音高の音を区別することは既に空間イメージを喚起するというように空間の経験は音楽の経験の中心的な機能として捉えることができるという主張に関連して、岩宮（岩宮、2007）は音のデザインの必要性を唱え、例えば、映像作品の経験における視覚と聴覚の相互作用を、感受性、共鳴、共感覚、協合、統合などの観点から、明らかにした。音、空間、動きの知覚の様相を越えた対応関係を明らかにしようとする実験的研究は数多く行われている。Eitan（Eitan、2017）は、これらの研究を比較分析し、音高と空間的位置における高低、物体の表面の明暗、上昇下降や接近交代という動きなどとの関係が明らかにされているものの、実験のほとんどは空間や音楽を経験する文脈から離れた設定によるものであること、単一音を用いた実験と音列を用いた実験とでは逆説的な結果を示すことなどを指摘している。単一音と物体の対応づけが身体感覚のレベルでなされるのに対し、音列と物体との対応づけは概念レベルでなされるという説もあるが、それを反駁する実験結果もある。Kurth（Kurth、1931）は別個の音高の音を区別することは既に空間イメージを喚起するというように、空間の経験は音楽を聴くことの中心的な機能として捉えることができると主張している。

〔注〕
1　音価、アーティキュレーションは時間次元における特徴である。
2　ハルモニア。

〔参考文献〕
1　アリストテレス『新版　アリストテレス全集　第4巻　自然学』、岩波書店、2017年。
2　大愛崇晴『16・17世紀の数学的音楽理論　音楽の数量化と感性的判断をめぐって』、晃洋書房、2021年。
3　水野みか子 . http://www.jia-tokai.org/archive/sibu/architect/2004/0403/ongaku.htm
4　アリストテレス（出隆訳）『形而上学（上）（下）』、岩波文庫、604-3,4、岩波書店、1959年（上巻）、1961年（下巻）、1078b。

5 森田慶一『建築論』、東海大学出版会、1978 年。

6 ウィトルーウィウス（森田慶一訳註）『ウィトルーウィウス建築書』、東海大学出版会、1979 年。

7 Alberti. On the art of Building in Ten Books, translated by Rykwert, J. et al., The MIT Press, 1991.

8 Wright, C. Dufay's "Nuper rosarum flores", King Solomon's Temple, and the Veneration of the Virgin, Journal of the American Musicological Society, Vol. 47, No. 3（Autumn, 1994）, pp.395-427, 429-441.

9 Schafer, R. M. The Tuning of the World, 1977.（鳥越けい子ほか訳）『新装版 世界の調律 – サウンドスケープとはなにか』、平凡社、2022 年。

10 Roads, C. The Computer Music Tutorial, The MIT Press, 1996.

11 コスタス・テレジディス、（田中浩也監訳）『アルゴリズミック・アーキテクチュア』、彰国社、2010 年。

12 日本建築学会編『アルゴリズミック・デザイン』、鹿島出版会、2009 年。

13 Xenakis, I. Formalized Music: Thought and Mathematics in Composition, Pendragon Press, 1992.

14 竹内昭「〈凍れる音楽〉考：異芸術間における感覚の互換性について」、『法政大学教養部紀要』、96 巻、pp.1-26、1996 年。

15 芦津丈夫「『凝固した音楽』と共通感覚—シェリング、ゲーテ、ヘルダー—」『モルフォロギア：ゲーテと自然科学』、1988 巻 20 号、1988 年。

16 ゲーテ（芦津丈夫ほか訳）『新装普及版 ゲーテ全集 第 13 巻 箴言と省察』、潮出版社、2003 年。

17 五十嵐太郎、菅野裕子『建築と音楽』、NTT 出版、2008 年。

18 秋山邦晴『新装版 エリック・サティ覚え書』、青土社、2016 年。

19 奥村一「この楽曲について」、『ムソルグスキー 展覧会の絵 解説つき』、全音楽譜出版社、1958 年。

20 岩宮眞一郎『音のデザイン』、九州大学出版会、2007 年。

21 Eitan, Z. Cross-modal experience of musical pitch as space and motion. Body, Sound and Space in Music and Beyond: Multimodal Explorations (Wöllner,Clemens, ed.), 49-68, Routledge, 2017.

22 Kurth, E. Music Psychology, Routledge, 1931.

第3章　プロジェクトの周り

古川聖

はじめに

　どのような試みもその独自性、個別性を持つと同時に、その試みの周辺で行われた他のプロジェクトとの関連や、共通するアスペクトを持つと考えられる。この章ではプロジェクト《AdM》に先立ってわたしたちが行った、または現在、同時進行で行っている、プロジェクト《AdM》に関連を持つ五つのプロジェクトを紹介する。それらの持つアスペクトをプロジェクト《AdM》に重ねることで、プロジェクト《AdM》の独特のありよう、意義、特徴がよりはっきりとしてくるだろう。

　各プロジェクトの紹介のあとに、それらプロジェクトの中に共通して現れたキーワードを拾い上げ、プロジェクト《AdM》との関連を論じる。

1. プロジェクトの紹介

　以下、各プロジェクトの紹介では、まず、プロジェクトの持つキーワードを示し、次にプロジェクト概要、プロジェクトから生まれた作品の紹介、そしてプロジェクト自体の解説を行う。紹介の中でプロジェクト《AdM》との関連についても説明し、作品の体験やプロジェクトを詳しく知るためのリンクも併せて載せた。

1. 1. プロジェクト《数による音楽》（1992）　作者：古川聖
キーワード：数的構造、アルゴリズム、自動生成音楽、コンピューター

プロジェクト概要：

　これは古川が1992年にコンピューターを使い作曲した一連のピアノ音楽で、音楽外構造（音楽と関係ない構造）であり、非線形構造の一つであるマンデルブロート集合などの持つ特徴である、自己組織化のプロセスに注目し、その動的な構造を生成のアルゴリズムとして、計算過程で生まれる数値を構造化された音楽パラメータの集合にマッピングし、音楽の自動生成を行ったものである。コンピューターは数値計算を行い、計算結果は楽譜という中間形態をとらずに、直接に音とリズムにアサインされ、最後にピアノ鍵盤の打鍵のための制御信号としてピアノに直接送られる。このような作曲方法をアルゴリズム作曲と言う。

作品名：《Mandelbrot集合-1》　プロジェクト《数による音楽》より[1]（古川、2007）
〜コンピューター制御の自動ピアノのために〜
作曲：古川聖

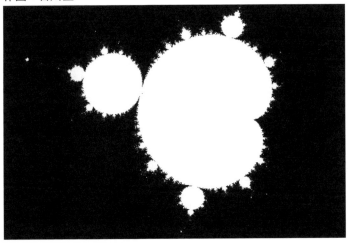

図3・1　マンデルブロート集合　©k.frukawa
作品へのリンク：QRコードより⑩3－1（マンデルブロート集合）

作品紹介：

　作品集《数による音楽》の中の第一曲。マンデルブロート集合というと、わたしたちは普段、CG として視覚表現されているものを目にする（図3・1）。そこでは集合の全体と部分、部分と部分の入れ子状の興味深い関係性が見える。この二次元の視覚的情報を構成する無数の点の値、マンデルブロート集合の構造を音楽構造のパラメータにマッピングした。知られているようにマンデルブロート集合の CG 画像は二次元平面のすべての点の座標を初期値として再帰的な計算を行い、そこで順次生み出される数値の発散、収束、繰り返し、その他の計算結果を色分けして表示したものであるが、この作品《Mandelbrot 集合 -1》では平面上のある一点から直線状に連続した点の集合が初期値として順次、計算に用いられた。平面を横切り直線を形成する点の座標（x,y）を初期値として再帰的計算式に代入し、その計算の結果ではなく、その収束、発散などにいたる数値のダイナミックな動き、形成されるパターンの変化の過程を逐一、主に音高にマッピングした。時に激しく変化する数値は順次、時間軸上に並べられ、音楽として表現された。

プロジェクト解説：

　古川は 1986 年に『The Beauty of Fractals: Images of Complex Dynamical Systems』（Peitgen, 1986）という本を知った。それは自己相似性を持った幾何学的構造、フラクタルの CG 画像を中心にした研究書であったが、フラクタルにおいてとりわけ魅了されたのはその美しさのほか、数行の簡単な数式をリカーシブに繰り返して用いることによって、非線形構造はじつに複雑な細部と全体の構造を生み出すという事実だった。まもなくこの本の著者の一人、P.H. Richter 博士にお会いし、最初のマンデルブロート集合の簡単な計算式のプログラムをもらった。最初はとにかく闇雲に、これらの計算過程から生まれてくる数値をいろいろな方法で音にマッピングしてみたが、しばらくすると、より音楽的に適切、効果的な方法が見つかってきた。非線形構造において、平衡に向かって現れてくる自己組織化のプロセスを音にすること

を行った。《Fractal Music》として発表され、後に作品集《数による音楽》としてまとめられた作品はこのような探索の結果、生まれた。このプロジェクトで行われたコンピューターを用いた、構造から構造へのマッピング、数的構造から音楽構造へのマッピングはプロジェクト《AdM》の源流となるものである。

プロジェクトへのリンク：QR コードより℗ 3 − 1（数による音楽）

1. 2. プロジェクト《Brain dreams Music》（脳が夢見る音楽）
（2008 〜 2014 〜現在）

コラボレーション：
　古川聖、濱野峻行、トマシュ・マチェイ・ルトコフスキ、大村英史、寺澤洋子、星玲子、中川隆

キーワード：身体、脳科学、アルゴリズム、自動生成音楽、コンピューター、コラボレーション、ワークインプログレス

プロジェクト概要：
　このプロジェクトは《Brain dreams Music》という名のもとに古川、濱野、数名の研究者、アーティストからなる研究創作チームが 2008 〜 2014 に研究プロジェクト《岡ノ谷情動情報プロジェクト》（科学技術振興機構、ERATO）の枠組みの中、理化学研究所においてコラボレーションとして行ったものである。一人の人間の脳波を計測し、機械学習などの手法を用い、実時間で解析し、その音楽的想起内容を取り出して演奏したり、複数の人間の音楽体験時の脳波の相関を映像や音楽として表現したりした（図3・2・2）。脳波の実時間解析データから音と映像を生成するアルゴリズムを開発し、コンピューターは脳波解析と音響合成を同時に行った。このプロジェクトは脳波から取り出した一つの構造／データをモダリティーの異なる音楽と視覚表現へと接続し、聴覚、視覚の〈共振〉を意図する点において、プロジェクト《AdM》と共通するアスペクトを持っている。またこのプロジェクトはワー

クインプログレス（継続的に制作、進行を続ける作品表現）として、現在も断続的に続けられており、プロジェクト《AdM》が持つコラボレーション形式やワークインプログレス形式と同様の創作研究の形態をとっている。

作品名：《それはほとんど歌のように》(2011) プロジェクト《Brain dreams Music》より
〜脳波演奏家と弦楽四重奏と映像のために〜
作曲：古川聖

作品へのリンク：QR コードより Ⓜ 3 − 2《それはほとんど歌のように》

作品紹介：

　作品《それはほとんど歌のように》には、いくつかの異なった編成のものがあり、ここで紹介するものは弦楽四重奏と脳波演奏家が共演したものである。この作品は脳波計を装着した、脳波演奏家が具体的なピッチ（音の高さ、和音）を想起、演奏し、また同時に脳内の脳波のダイナミックな動きを実時間で映像表現（図3・2・1）するもので、システムとして以下のような特徴を持っている。

1）脳波から音楽表象を取り出す

　EEG（脳波計）［注1］によって計測された脳波は脳内の様々な活動を示すものである。脳波を使っての音楽のパフォーマンスは、これまでにもいろいろなものが行われてきた。多くは脳波の電圧を直接のデータとして音生成をするようなものであったが、《それはほとんど歌のように》においては、システムは脳波のデータ解析を通して、具体的な音楽の表象を推定し、脳波データを可能な範囲で音楽的に構造化したうえで音響合成ルーチンへ送るものであった。このことにより、脳波の単なるソニフィケーション（可聴化）ではなく、脳波で楽器を意識的に制御、演奏することが可能になった。また、脳波分析の手法は人間側の脳内音楽表象の強化の練習と組み合わされ、より

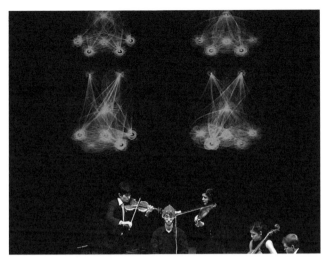

図3・2・1　2011, 東京藝術大学　奏楽堂でのコンサートより ©k.furukawa

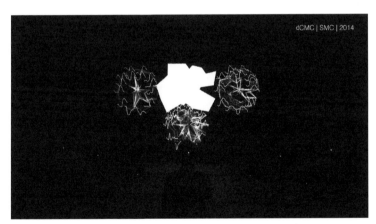

図3・2・2　クラリネットを聴いた三人の脳波の相関（中央上）©k.furukawa

確実に音楽表象を音表現する方法として確立された。

2）脳の音楽表象とその視覚化表現を同時に行い、両者の表現を〈共振〉さ

せる

　《それはほとんど歌のように》においてシステムが行う音楽表象の分析の過程、つまり一人の人間の音楽想起の過程は実時間映像として視覚表現され、演奏家、聴衆と共有される。これは音楽が生まれるパフォーマンスの場において音だけではなく、脳が音楽を想起する過程の視覚化、つまり聴覚＋視覚を通して、脳波演奏家、聴衆のより深い、心の共振の可能性を模索するものであり、それはプロジェクト《AdM》でも試みられ探求されていることでもある。

プロジェクトへのリンク：QR コードより⑰ 3 － 2《Brain dreams Music》

プロジェクト解説：

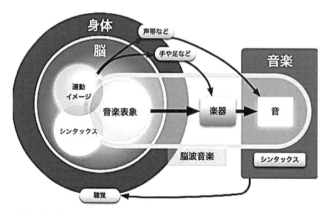

図 3・2・3

　プロジェクト《Brain dreams Music》において、わたしたちは、脳が音楽を想起する瞬間、まるで音と感情が混沌の中で未分化の状態から発音するような、魂の震えをも伝えるような表現力ある繊細な楽器をつくり出したい……、そのような目標を持って、新しい音楽パフォーマンスのために、今までにないタイプの楽器を考案した。これを実現するために、新しい手法が研

究を通して開発された。これは EEG（脳波計）のデータから音楽想起時に脳内に生起する音楽表象（具体的な音のイメージ）を、構造化された音楽データとして実時間で解析して取り出すというものである。普段わたしたちは、声や楽器を使って音楽表現をするが、その場合、脳の中の音楽表象（音楽イメージ）が脳内で運動のイメージへと変形され、楽器や声帯を操作するための運動として楽器や声帯へ伝えられる。つまり脳内にあった音楽表象は、運動イメージへの変換と、楽器を通した二重の変形を受けることになる。人間は進化や文化の歴史の中で楽器や声の表現特性を活かし、改良を重ね、さらに演奏法、つまり運動制御の能力を発達させ、すばらしい音楽文化を形成してきた。それに対して脳波を使ったわたしたちのアプローチの特徴は楽器や音など、結果としてのモノや物理現象に注目するものではなく、人間側、つまり音楽を生み出し認知する側から、脳内に音楽表象がたち現れる瞬間に焦点を当て、音をつくり、音の組織化を試みた点にある。そしてさらに、その技術を表現（パフォーマンス）として具体化し、多くの人が体験できる形にし、感性を通して享受できるところまで推し進めた点に、このプロジェクトの意義があると考えている。

1. 3. プロジェクト《サウンド ドローイング》（2016 ～ 2019）
コラボレーション：古川聖、藤井晴行、茂木一司、三枝一将、薗部秀徳、川崎義博、長尾幸治、牛島大悟

キーワード：身体、空間、創作楽器、コラボレーション

プロジェクト概要：
　このプロジェクトは古川および藤井、そして美術教育の茂木一司らからなる研究チームが数人のアーティストたちの協力を得ながら、JST（科学技術振興機構）の領域開拓プログラムの枠内で、《響き合う空間、励起される美意識》のタイトルのもとに行った一連の創作研究で、このコラボレーション

図3・3・1　たほりつこの環境彫刻を使ったパフォーマンスより、2018　©k.furukawa

から、いくつかのパフォーマンス作品が生まれた。パフォーマンスでは自らの身体で都市空間、自然の空間などに入り込み、創作楽器を使い、大空間の中で自ら音を発し、空間に音の形を描く、ドローイングすることを行った（図3・3・1）。大空間の中で多くの人が楽器を使い順次発音すると、音は連なり、空間内に音の軌跡を残す。その行為を、わたしたちは《サウンド　ドローイング》とよび、プロジェクト名とした。

　プロジェクトにおいては、音の指向性が強く、遠達性（遠くまで届く）のある創作楽器を長尾幸治、三枝一将らと開発し、それを大空間に並べ、空間に音の線、形を描き出し、参加者は身体ごと空間に入り込み、空間と一体となり、空間を体感する様々なパフォーマンス作品がつくられた。音による空間の体験、音と空間の相互貫入というアスペクトはプロジェクト《AdM》においても重要な要素であり、建築という空間の体験と野外空間の音による認知、体験、美的享受には強い類似性がある。

作品名：《狭山丘陵におけるパフォーマンス》（2018）
プロジェクト《サウンド ドローイング》より
作者：ワークショップの参加者たち
作品へのリンク：QRコードより⑩3－3《狭山丘陵におけるパフォーマンス》

作品解説：

　ここで紹介する《狭山丘陵におけるパフォーマンス》はトトロの森［注2］
なども点在する、東京、北多摩のみどり豊かな狭山丘陵、多摩湖に隣接する
東村山市の都立狭山公園でのワークショップ内で行われたものである。この
ワークショップでは、その広大な変化に富んだ空間の特徴に則した、様々な
方法、アイデア、表現が試行された。パフォーマンスへの参加者は主に東京
藝術大学の学生、群馬大学の学生たちで、公園内の以下の四箇所が選ばれ、
空間に創作楽器を使って描く音の形のデザインのパフォーマンスが行われ
た。①宅部池　②多摩湖堤防　③トウカエデの林　④太陽広場

作品へのリンク：QRコードより®3－3《サウンド ドローイング》

プロジェクト解説：

　古川と茂木一司は2011年に行った共同研究において、室内空間において
音（楽器）の動きで"かたち"を空間に表現し、描くワークショップ《空間
ドローイング》を行った。プロジェクト《サウンド ドローイング》はこれ
を発展させたものである。大きな野外空間、例えば日本庭園、都市空間、自
然の空間などにおいて、多くの人が連なり人文字を描くように協働し、創作
楽器を使い、音を配置、移動させ、空間の中に音の線、音の"かたち"を描
き出す。つまり日本庭園、都市空間のような美的様相を持つ既存の空間に新
たにデザインされた音の"かたち"を対比的に重ね、対置し、両者間におこ
る認知的な共鳴、緊張、衝突の中に新たな表現が立ち上がる契機をさぐった。

図 3・3・2　空間を動き回ることで音の陰影は多様に変化し、木漏れ日がつくる森の陰影とあいまって固有の音風景が現出した ©k.furukawa

1. 4. プロジェクト《sonicwalk》(ソニックウォーク) (2019 〜)

コラボレーション：古川聖、藤井晴行、濵野峻行、音の作家たち

キーワード：コンピューター、空間、身体、アルゴリズム、自動生成音楽、新しいメディア、コラボレーション、ワークインプログレス

プロジェクト概要：

　プロジェクト《sonicwalk》(ソニックウォーク) が使用するアプリケーション《sonicwalk》は、GPS などの位置情報システムを用い、わたしたちの周りにある実際の森、公園、庭園、街並みなどの風景、空間の中に仮想の音オブジェクトを置き、その中を参加者がスマートフォンとイヤホンを使い歩き回り、実際のその場所で風景と仮想の音を一緒に楽しむプロジェクトである。システムは濵野らが中心となって開発され、アーティストや様々なタイプの人たちと、そのコンテンツであるハイブリッドな音風景の作成に関わるコラボレーションが行われた。ワークインプログレスとして現在もシステムの改

図3・4・1 《あるく！空間楽器コンサート》より、上野公園　2018　©k.furukawa

良、開発が進められ、コンテンツも増え続けている。

　体験方法はスマートフォンの web ブラウザーで《sonicwalk》のページへアクセスするだけである。実際に音のオブジェが置かれた場所（例えば上野公園など）に行き、イヤホンを着けて散歩すると、その位置、動きにより、目の前に広がる現実の風景とともに、そこに配置されている仮想の音のオブジェから音や音楽が聴こえてくる。空間内に配置されたオブジェクトの構成自体が音楽をつくるためのアルゴリズムとも言え、人が動き回ることで音空間、音楽が自動生成される。またこの大きな空間を楽器と考えることもでき、参加者が指となって演奏する、大きなピアノ、空間楽器をイメージすることができるかもしれない。このプロジェクトにおいては音と空間体験の〈共振〉、〈共鳴〉がテーマになっており、プロジェクト《AdM》と重要なアスペクトを共有している。

作品名:《あるく！空間楽器コンサート》（2018）プロジェクト《sonicwalk》より

作者：コンサートの参加アーティスト

作品へのリンク：QR コードより Ⓜ 3－4（あるく！空間楽器コンサート）

作品解説：

　《あるく！空間楽器コンサート》は 2020 年に東京藝術大学の古川研究室が行った、風景と音を一緒に楽しむ、一風かわった野外コンサートである。たくさんのアーティストが参加したこのコンサートでは、古川研究室と株式会社 coton が共同で開発したアプリケーション《sonicwalk》が使われた。ここに一例としてあげる作品《瞑想の庭 1（清澄庭園）》は古川がアプリケーション《sonicwalk》を使い、sound map（空間に仮想音源を置いたもの、図 3・4・2）をつくり、清澄庭園（図 3・4・3）という池泉回遊式庭園上にデザインした音空間である。鑑賞者は庭園空間を音とともにシーケンスとして歩きながら、順次に体験するというものである。

プロジェクトへのリンク:QR コードより Ⓟ 3－4（sonicwalk）

©OpenStreetMap contributors
図 3・4・2　清澄庭園に音を配置したサウンドマップ

図 3・4・3　清澄庭園の風景　©k.furukawa

プロジェクトの内容：

　2019年3月よりプロジェクト《sonicwalk》はスタートした。このプロジェクトは前述のように自己開発したアプリケーションを用い、わたしたちが生活する都市空間、公園、庭園、森などの風景の中に仮想の音のオブジェクトを置き、空間を楽器として身体・空間・音が一体となったサウンドアートの体験をするというものである。既存の測位システムと準天頂衛星「みちびき」との併用により得られる、より高い空間分解能により可能となる、わたしたちにとって未知の精密かつ繊細な仮想音空間体験の検証とそこで生まれる新しい感受性の開発をも視野に入れている。環境、生活空間への音の付加を通して、風景や自然、文化的空間に新しい意味づけを行い、わたしたちがその場所や歴史に身体的にも深く関わり、自らの生活環境を再発見する契機としていくことも目標の一つになっている。

1.5. プロジェクト《omnion》（オムニオン）（2019 〜）
参加者：古川聖、濵野峻行
キーワード：コンピューター、空間、身体、新しいメディア、コラボレーション、ワークインプログレス

プロジェクト概要：

　プロジェクト《omnion》では東京藝術大学の古川研究室が株式会社 coton と共同で開発した、プロジェクトと同名の《omnion》というシステムを使う。このシステムは、たくさんの人たち、個々人が持つスマートフォンから出る異なる音声を完全に同期、組み合わせる。個別の楽器のように個々のスマートフォンから流れる個別の音声を音楽合奏、アンサンブルに必要な高い精度でつなげ、新しい"音の体験"をつくり出す。参加者はスマートフォンを手に空間の中に身体を置き、一人ひとりが演奏者であり、また鑑賞者となり、奏でる側、聴く側という垣根を取り払い、一体感を持った、新たな気づきを分かち合える新しい音楽体験がつくり出される。前記、1.3のプロジェクト

《サウンド ドローイング》では創作楽器を使っていたが、《omnion》では、わたしたちの生活に直結したメディアであるスマートフォンを使い、それから出てくる多種多様な音、音楽を音源として完全同期することで、今まで体験することのなかった、精妙な音楽的空間がつくり出される。この《omnion》には様々な使い方が想定され、その技術開発とその遊び方、楽しみ方の開発が現在も、続けられている。このプロジェクトも空間と音、身体が中心的なテーマとなっていて、プロジェクト《AdM》と多くのアスペクトを共有している。

作品名：《東京都民広場でのパフォーマンス》（2023）プロジェクト《omnion》
より
作者：古川聖、濵野峻行、ワークショップ参加者
作品へのリンク：QRコードより Ⓜ3－5（東京都民広場でのパフォーマンス）

作品解説：
　東京都の協力を得て 2023 年の 2 月 23 日と 26 日に東京都都民広場でパフォーマンス《東京都民広場でのパフォーマンス》を行った。この《omnion》を使ったパフォーマンスでは三つのタイプのプログラムが用意された。
1）　ハイパーアンサンブル：
　これは既成のクラシック音楽やポップミュージックを、個別楽器のパートに分けて多くのスマートフォンに配置し、それを演奏し、みんなで合奏を楽しむもので、参加人数は 8 人から 16 人。野外でも音がよく聴こえるようにするために小型スピーカーを人数分用意した。S. Wonder の《Sir. Duke》、C. Debussy の《月の光》、W. A. Mozart の《アイネ・クライネ・ナハトムジーク》等が演奏された（図 3・5・1）。
2）　音あそび：
　既成の音楽ではなく、たくさんの単音を並べ、組み合わせることによって音でいろいろな "かたち" を空間に描いたり、新しいメロディーをつくった

図3・5・1　東京都民広場でのパフォーマンス風景1　©k.furukawa

図3・5・2　東京都民広場でのパフォーマンス風景2　©k.furukawa

り…、空間内を参加者が動くことによってどんどん変化する音のゲシュタルト的認知、聴こえ方を楽しんだりした（これらはすべて参加者がスマートフォン＋小型スピーカーを持って位置を移動することによって行われた）。

3）　音の彫刻：

　野外でたくさんの人が参加し、とても大きな"音のかたち"を体験した。都民広場では 16 人がスマートフォンを持って一列になって 5m 間隔で並び、16 人のスマートフォンの中、5 × 15 = 75 メートルの空間を一つの音が、数秒で順次スマートフォンからスマートフォンへと風のように駆け抜けるように音が配置された。すると大空間の中に音の線、"かたち"、音の塑像、彫刻が現れる。このように大きい空間でたくさんのスマートフォン（＋小型スピーカー）を使うことで、スケールの大きな音体験を楽しんだ（図 3・5・2）。

プロジェクトへのリンク：QR コードより℗ 3 – 5（omnion）

プロジェクト解説：

　前述のように《omnion》とは多数の個別のパートに分かれたスマートフォンを連動しみんなで音楽を一緒に楽しむ、体験型、音楽アプリケーションである。前述の音の彫刻や、音あそびのほか、ハイパーアンサンブルではアプリケーションを使い、一つの音楽を皆で共有するのだが、具体的には各々のスマートフォンには別々の役割を持った音声、楽器が割り当てられる。例えば、4 人の人が集まり、4 人でデイヴ・ブルーベック・カルテットの曲《テイク・ファイヴ》を共有するとする。スマートフォン 1 からはベース、スマートフォン 2 からはアルトサックス、スマートフォン 3 からはドラム、スマートフォン 4 からはピアノのパートといった具合である。《omnion》を使い参加者たちは、従来のように外側から音楽を鑑賞するのではなく、各々のスマートフォンからの音声を合わせ、あたかも自分たちが音楽を演奏しているかのように、音楽の場の中に入り込み音楽を内側から体験する。そして皆で共有し、一緒に体験することにより、音楽は人と人を結びつけ、音楽はさらに楽

しい体験となる。

2. 共通するアスペクト

　さて、第3章の最後にここに紹介された五つのプロジェクトがプロジェクト《AdM》と共有するアスペクトなど、その関連するキーワードをあげて解説する。

2. 1. コンピューター
　五つのプロジェクトにおいて、アナログの創作楽器を音源としたプロジェクト《サウンド ドローイング》を除くとすべてのプロジェクトでコンピューターが用いられている。わたしたちの創作において、コンピューターの使用は本質的なもので、どの場合もコンピューターは異なるモダリティーをつなぐ道具として用いられている。プロジェクト《数による音楽》、プロジェクト《Brain dreams Music》においてコンピューターはアルゴリズムに落としこまれた生成や分析のための計算を行い、プロジェクト《sonicwalk》、プロジェクト《omnion》では人間の動きや空間内の位置の検知、音、音響の制御に用いられた。プロジェクト《AdM》においてもコンピューターは中心的な役割を果たし、コンピューターによってコードレベルで建築空間体験と音楽が関係づけられ、CGや音楽が生成される。

2. 2. 音楽の自動生成とアルゴリズム
　どのプロジェクトも音楽を扱っているが、五線紙に一個一個、音符を書くような、いわゆる従来の作曲のようなことは行われず、その代わりに様々なアルゴリズムで音楽が自動生成され、コンピューターによって音符ではなく、音のパラメータにマッピングされる数値が書き出される。
　プロジェクト《数による音楽》ではアルゴリズムとしてフラクタル（非線形構造）が使われ、プロジェクト《Brain dreams Music》では、脳波解析の

プロセス、プロジェクト《sonicwalk》では仮想音オブジェクトの空間的位置関係から音楽の構造が生まれる。プロジェクト《サウンド ドローイング》においても音は土地の地形、空間の特性、人の並びなどから紡ぎ出された。プロジェクト《AdM》においては建築物の構造、構成、そしてそれを観察、体験する人間の認知行為がアルゴリズムとしてモデル化され、それにより音楽が自動生成される。こうやってみると**音楽の自動生成、コンピューター、アルゴリズムなど、これら三つの事項は、自動生成を中心とした、切り離すことのできない制作物／道具／方法を構成する一つのユニットである**ことがわかる。

2. 3. 空間と音、身体と認知

　コンピューター、音楽の自動生成、アルゴリズムと並んで、わたしたちが行った多くのプロジェクトでは**音を通した空間の認知、空間の体験**が中心的なテーマになっている。プロジェクト《サウンド ドローイング》、プロジェクト《sonicwalk》、プロジェクト《omnion》では、物理的な実際の空間を前提とし、そこに入る人間の身体を通した空間認知、音体験がテーマとなっている。そこでは、音楽は人間と切り離された作品やモノとしてではなく、人間の身体を通しての認知体験の内容、内実としてとらえられている。プロジェクト《AdM》においても現実の建築空間のモデルと、それに対応する仮想の空間、建築空間の身体体験が扱われていて、それらは CG の 3G モデルで表現されている。

2. 4. 新しいメディア

　スマートフォンなどの、わたしたちの日常に入り込んできた、新しいメディアはプロジェクト《sonicwalk》、プロジェクト《omnion》で使われ、広い意味でのインスツルメント（道具／楽器）、人間の身体を拡張するインターフェイスとして、人間の身体と空間、コンピューター、アルゴリズム、自動生成音楽をつなぐ役割を果たしている。

2. 5. コラボレーション、ワークインプログレス

　プロジェクト《数による音楽》以外は専門性の異なる複数のコラボレーターが関わるプロジェクトになっている。プロジェクトはすべてアートというコンテクストで行われているが、ここでは一人の孤高の芸術家が自己を表出するような、近代のアーティスト像が思い起こされるような芸術の創造ではなく、複数の人間の関係性から共創がおこるような新しい価値の創造への方向が意図されている。そして何よりこれらのプロジェクトはコラボレーションとしてしか成立し得なかったことは重要な点だと思う。

　これらコラボレーションによって成立しているものは、完成し閉じられた作品、作品性のようなものを前提としておらず、仕組みや着想、ソフトウェアは機会に応じて改良、開発され、新しい発展、新しい表現が生み出されることもある。その意味でプロジェクトは広い意味で共有地、入会地のような公共性を持ち、柔軟で終わりもはっきりせず、ワークインプログレスとしても新しいアスペクトを持っているかもしれない。

おわりに

　この章で紹介した五つのプロジェクトとプロジェクト《AdM》を並べてみると、プロジェクト《AdM》とは概略的には空間、身体、認知とコンピューター、アルゴリズム、自動生成音楽のおおよそ二つに分けられる領域の交差した地点に成立したプロジェクトであることがわかる。

　そしてこの五つのプロジェクトに関わってきた、わたしたち自身を振り返ってみると、三人がこのプロジェクト《AdM》においてコラボレーションをしているのも、おそらくは偶然ではないことが感じられる。三人がそれぞれ個別に同じようなことに分野を超えて長い間、興味を持ち続け、その共通項が重なったがゆえに必然的に出会い、共同作業が始まったとも言える。

　三人が出会うずっと前から、古川は作曲をしながらプログラミングを行い、藤井は様々な建築的意匠をコンピューターを通して研究していた。濱野は日

本とオランダでコンピューターミュージック、コンピューターサイエンスを
研究していた。この章であげた、コンピューター、構造、空間、身体、自動
生成音楽、アルゴリズムというような事項、キーワードはわたしたちが創作
や研究、活動するにあたって常に持っていた興味の範疇、領域に入っていた
ことに改めて気づく。

〔注〕
1　脳波計：(Electroencephalography: EEG)　脳活動から生じる電流を頭皮上から計測
することで、脳活動を可視化する計測装置。
2　公益財団法人トトロのふるさと基金による保全林。

〔参考文献〕
1　古川聖『数による音楽　music by numbers』, Fontec 社, 2007.
2　H-O. Peitgen, P.H. Richter, Beauty of Fractals, Springer Verlag, NY, 1986.

トランスコード化する身体：聴覚の拡張

毛利嘉孝

■構築される「聴覚」

　サウンド・スタディーズの最近の進展に見られる近年の「聴覚」に対する関心の高まりは、ある一つの認識に集約される［注 1］。それは、私たちが「聴覚」として理解している感覚もまた、私たちが所属している歴史や地理、そして技術などさまざまな条件によって社会的に構築されているという認識である。しかし、最近共有されるようになったこの認識も、歴史的に見ればそれほど自明だったわけではない。

　たとえば、それは視覚と比較すればより明らかである。視覚が歴史や地理、そして技術などの与件によって社会的に構築されているという認識は、比較文化論的な観点から美術史を理解するための出発点だろう。

　パノフスキーの古典的著作『〈象徴形式〉としての遠近法』が示しているように、西洋美術に広く見られる遠近法という技法は、今では広く時代の空間意識や世界観、そして人間の精神史や科学観の反映として理解されている。

　そして、この遠近法という空間把握の視覚的方法が、単に歴史的に構築されているのではなく「西洋」という地理的な条件によって成立していることは、たとえば中国や日本のような非西洋世界における絵画や平面作品の歴史的な発展を見れば明白である。視覚は、その時代や空間の世界観によって構造化されてきたのである。

　これに比べて聴覚はどうだろうか。聴覚や、聴覚を主たる感覚とする表現

芸術である「音楽」や「音」が、構築されているということはほとんど意識されることはなかった。実際のところ、今でも一般にはあまり認識されていないのではないか。「音楽は国境を越える」という素朴な表現に代表されるように、音を聴くという行為は人類にとって普遍的なものとして多くの場合合意されている。とりわけ、言語的・テキスト的な障壁を乗り越える普遍的なコミュニケーションの道具として、音楽はしばしば称揚されているのだ。

けれども、実際には、視覚と同様に聴覚もまた私たちを取り巻く諸条件によって構築され、構造化されている。私たちの聴覚———音を認識し、音を通じて世界を把握する能力———は私たちを取り巻く政治や経済、歴史や地理、そして技術によって構築されているのだ。

おそらく近代産業化される以前の人が現代の都市にタイムマシンを使って突然と放り込まれたら、メディアから発生する情報やノイズの洪水に呆然とすることだろう。その騒音に耐えられないかもしれない。社会学者のゲオルグ・ジンメルは、近代都市の誕生によって人間が自らの五感を麻痺させるようになったことを 20 世紀初頭に指摘している（ジンメル、1903）。ジンメルによれば、近代人たちは、近代都市がもたらす刺激に人々は耐えられないために、不感症に陥っているというのである。

私たちの今日の聴覚はテレビやラジオのようなメディアやパソコンや携帯端末のようなデジタル機器、そして各種オーディオ再生装置を中心とする音や音楽、日常生活空間の音、自然の音が渾然一体化する環境の中で構築されているのだ。

したがって、たとえばバッハの音楽であっても、今日の私たちはそれが作られた当時教会で聴かれていたようには聴くことはできない。多くの場合再生装置を通じて聴かれている現代のバッハの音楽は、現在の音と音楽の聴取環境によって形成されている聴覚を通じて聴かれているのであって、その聴覚は、18 世紀の聴覚とは全く異なったものなのだ。教会という閉域で一回限りの音楽として聴かれる音と音楽は、グローバルにデジタルデータという形式で流通し、耳に当てられたヘッドホンにおいて無限に再生される複製芸

術としての音と音楽とは根本的に異なった聴取の経験を提供していたのである。今日、私たちが教会でバッハの曲の演奏を聴くとしても、それは作曲された時代とは異なったありかたで形成された聴覚によって異なった聴かれ方をしているのだ。

　このことは、音楽と建築との関係を考える上で一つのヒントを示している。私たちが現在所与のもの、自然のものとして理解している聴覚は、超越的で普遍的な感覚ではなく、歴史的・地理的に構築されたものである。そうだとすれば、それは私たちの身体を取り巻く空間、建築を成立させている条件によって制約されたものである。とりわけデジタル・テクノロジーによって生まれた新しい空間の様式は、視覚と同じように聴覚の新しい構造と世界を認識する方法を生み出しているのだ。

■音を感じる身体：生理学的知覚としての「聴覚」

　ところで、聴覚と視覚を「構築されたもの」という観点から比較するとまた別の側面も見えてくる。

　実は、遠近法という様式もまた視覚のある時代の構造の一つのモデルにすぎない。美術史家のジョナサン・クレーリーは、「近代化する視覚」という論考で、デカルト的な遠近法を西洋美術史に一貫して通底しているものとする見方を批判している。クレーリーによれば、19世紀初頭において遠近法を支えてきた幾何学的工学から視覚の生理学へという理論的な配置転換が起こった。これは、主体と客体を分割した上で、客体を視覚によって正しく把握するというカメラ・オブスクラのモデルから、外的な対象に無関係の視覚を生じさせるという身体モデルへのパラダイムシフトとして要約することができる。

　ここで、クレーリーが念頭においているのは、網膜のイメージである。網膜は目を閉じた時に見えるイメージであって、視覚の対象物に依存しない。視覚を構成する眼球をカメラ・オブスクラのような光学的なレンズとして捉えるのは一つの工学的な捉え方であるが、全く異なる生理学的な理解も可能

である。眼球は同時に身体の一部であり、血管や神経、筋肉などを通じて身体のいたるところに接続されている。

19世紀になると生理学的な眼球の機能に関心が高まり、たとえば長時間太陽を直視することを通じて眼球の機能の解明が試みられた（その結果多くの失明者も生み出した）。生理学的な視覚の研究は、たとえばゲーテの色彩論にも大きな影響を与えた。クレーリーによると近代美術の抽象化の過程は、身体の機能に大きく依存した生理学的な視覚という新しいパラダイムに対応しているというのである。

聴覚芸術において、こうした生理学的なパラダイムシフトは視覚芸術ほどはっきりと認識できるわけではない。特に西洋クラシック音楽を中心とした歴史観によれば、聴取の経験における身体的な実践はクラシック音楽においては、音楽の制度化———『聴衆の誕生』（渡辺裕）によって最低限度まで切り詰められてしまったかもしれない。

それでも目を凝らしてみれば（あるいは、耳をすましてみれば）、音楽という領域が、単純な意味での聴覚という枠組みを超えた視覚をはじめとする他の感覚との融合や身体的実践をしばしば含んでいたことがわかってくる。ドビュッシーやラベルのような作曲家の楽曲が、しばしば「色彩的」という視覚の比喩によって評価されるのは決して偶然ではない。音楽を聴く時に色彩が見えるという「共感覚」の事例は、作曲家や演奏家において数多く報告されている。

あるいはドビュッシーやサティに始まり、マリー・シェーファーのサウンドスケープやブライアン・イーノなどの環境音楽やアンビエント・ミュージックは、聴覚に限定される音楽経験ではなく、むしろ身体的な経験を提供する一連の試みとして理解できるだろう。ジョン・ケージの《4分33秒》は、音楽聴取における環境音の存在を前景化させた作品として知られているが、同時に「無音」の状態においても身体の心臓音や呼吸音など「音」がたえず生成されていることをあらためて意識させる曲でもある。それは、視覚芸術

における「網膜」の発見に対応している。

　何よりも20世紀以降の聴覚文化の中心となるポピュラー音楽に目を向ければ、音楽聴取においてリズムを取ったり、体を揺らしたり、ダンスをしたりという行為は、音楽聴取に不可欠なごく日常的に行われている身体実践である。その意味では、現代の聴覚文化において、その聴取を狭義の聴覚の実践に限定すること自体、西洋音楽のエリート中心主義的な偏狭な音楽の理解と言わざるをえない。

　聴覚を生理学的な知覚として理解すると、聴覚の経験は必ずしも「耳」とそれを取り巻く身体器官に限定することができない。むしろ、それは五感全部を使った身体的な経験であり、身体の内部と外部の全体的なインタラクションの中で理解されるべき空間的な経験なのである。

■そもそも人は同じ音／音楽を聞いているのか：聴力障害と非可聴域

　聴覚が歴史的、地理的に構築されているという認識は、さらに一歩進めた問いに結びついている。その問いとは次のようなものだ————そもそも私たちは、一つの音や音楽を全く同じように「聴取」しているのだろうか。

　ここで一つの反証の例として聴覚障害の例を挙げてみよう。しばしば誤解されているが、聴覚障害者の多くは全く無音の世界に住んでいるわけではない。聴覚の障害にはその理由によりさまざまなレイヤーとグラデーションがある。何らかの音は聞こえているが、それが不明瞭だったり、歪んでいたりするために言語や音楽として認識することができないという例も少なくない。視覚との比較で言えば、たとえば近視や乱視の度が進んだような場合もある。

　聴覚障害者でなくても高齢になるにしたがって耳が遠くなるというのは一般的にも見られる症状である。年齢によって音の聞こえ方は異なっているのだ。加齢とともにその可聴域が変化していくことはよく知られた事実である。このことを利用して若者にしか聞こえない高周波数の不快な「モスキート音」を発生させることで、公園や公共施設に若者がたむろすることを防ぐ試みが

一部の自治体や商業施設では始まっている。

　非可聴域の音は無音ではなく、単に音として認識されていないだけなのである。たとえば脳や皮膚に一定の刺激を与えていることはすでに実験によって明らかにされている。聴覚障害のいくつかの例は、ある範囲の周波数を音として認識できないことによって生じているとされる［注2］。

　このように考えると、音や音楽を聴くという経験も、人によって一定の個体差があることが容易に結論づけられる。ミシェル・フーコーをはじめとする歴史学者がすでに示しているように正常／異常、健康／病気という区分は、歴史的に言説によって構築されたものであり、それは時代とともに変容する。

　こういったからといって「異常」や「病気」を例外的なものとして切り離すべきではない。それは、「正常」や「健康」という支配的な存在による権力の行使である。正常／異常という区分は常に事後的なものであり、実はアナログで連続的なレイヤーなのだ。とすれば、「普遍」や「普通」、そして「正常」から、「例外的」で「異常」なものとして排斥されたものから思考する必要がある。例外性の中にこそ普遍的なものは潜んでいるのである。

　本稿の議論に即して言えば、このことは、聴覚障害者が「音」や「音楽」を経験するということはどのようなことなのかを考えることにつながっているだろう。

　聴覚障害者のための音や音楽のワークショップは数多く存在している。ここでは具体的な例はあえて挙げないが、その多くが聴覚の代わりに触覚や視覚を駆使して、あるいは、楽器などを能動的に演奏したり、鳴らしたり、叩いたりすることを通じて「音」や「音楽」を体験させていることを指摘すれば十分だろう。

　けれども、こうした経験を聴覚に従属する副次的な経験として理解するのは、誤りである。こうしたワークショップの障害者もやはり、「音」や「音楽」を聴覚以外の五感を通じて経験しているのであり、それは時に健聴者の経験よりも豊かなものかもしれないのだ［注2］。

あらゆる人にとってそもそも「音」や「音楽」を経験することとは、決して聴覚に集約することができない。それは、「音」や「音楽」、そしてそれをめぐる「身体」や「音楽」のまわりでいわばトランスコード化された情報を再配分し、経験することなのだ。デジタルメディアの発達は、こうした異なるメディア、異なる感覚器（センサー）がしばしば重なり合い、接続したり、切断しながら、一つの情動を配分することを可視化しつつある。それは、「音」と「音楽」の新しい聴取の生成でもある。

〔注〕
1　最近のサウンド・スタディーズの動向については、細川周平編著『音と耳から考える：歴史・身体・テクノロジー』アルテスパブリッシング、2021年。
2　可聴域の問題を考えるにあたり、2023年10月17日-18日東京藝術大学で行われたコウモリ探知機を用いた柳沢英輔のフィールド・レコーディングのワークショップが大いに参考になった。

〔参考文献〕
1　エルヴィン・パノフスキー（木田元監訳、川戸れい子、上村清雄訳）『〈象徴形式〉としての遠近法』、ちくま学芸文庫、1924/2009年。
2　ゲオルグ・ジンメル（松本康編、松本康訳）「大都市と精神生活」『都市社会学セレクション第1巻：近代アーバニズム』、日本評論社、1903/2011年。
3　ジョナサン・クレーリー「近代化する視覚」ハル・フォスター編（榑沼範久訳）『視覚論』、平凡社、1998/2007年。
4　ミシェル・フーコー（田村俶訳）『狂気の歴史』、新潮社、1961/1975年。

表現の実践

第4章　音楽と建築をつなぐ表現の実践

古川聖

　「はじめに」でも書いたように、わたしたちはプロジェクト《AdM》のサブプロジェクトとして《MbA》（Music by Architecture）を行い、作品を制作してきた。この章では《MbA》に関して、その実践の基盤となる方法、考え方を具体的に古川（音楽）の立場から記述する。

　《MbA》では建築的なモダリティーと音楽的なモダリティーを関係付けて考えていくが、この第4章ではまず、最初の節で建築的なものと音楽的なものとのマッピングについてその出発点にある根本的な問題を議論し、次に建築と音楽とをつなぐ関係性の基盤として三つのレベル、〈相同的関係〉、〈ゲシュタルト的関係〉、〈総体・共通感覚的関係〉の区別について説明する。そしてそれらを基礎とした①音楽認知モデル、②建築体験認知モデルを提示し、さらに③両者を結合するモデルを提示する。最後にそれらを全体として、作品として体験するための④体験デザインモデルを示す（図4・1・1参照）。

1. マッピングの問題点

1. 1. パラメーターのマッピングの恣意性

　《MbA》では建築物や建築プロセスから何かの数値を取り出して、それを音や音楽の何かのパラメーターに**直接にマッピングする**ことは行っていない。それは、例えばある建築物の流線型の屋根の形状から数値を取り出して、それをある音の周波数の変化にマッピングをするようなことである。実際にそのようなことを行えば時間軸にそって音の高さの変化が聴こえる。しかし、取り出した数値は周波数にでなく、音の強さに、音に含まれる倍音成分の割合と変化（音色）に、音像の位置になど、どのようなものにでもマッピング

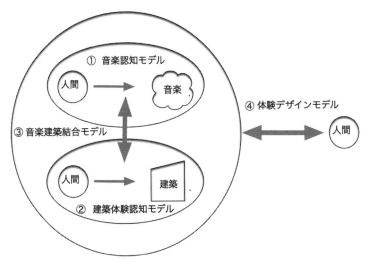

図4・1・1　各モデルの関係図

が可能である。つまり、建築と音楽のようにモダリティーの異なる事象にお
いて、表層にある何かのパラメーターからあるパラメーターへのマッピング
は全く恣意的なもので、そのこと自体には必然性がなく、どのマッピングが
よいとか適切とかというようなこともない。わたしたちが《MbA》で行っ
ていることは、このようなことではなく、建築的なモダリティーと音楽的な
モダリティーの表層ではなく深層のレベルまで遡り、そこに両者の共通性を
仮定し（第2章参照）、両者の間に人間が行う認知というプロセスを介在さ
せ両者をつなぐ方法を探求することである。

1. 2. 知識表現と認知モデルの必要性

　建築的モダリティーの認知のプロセスと音楽的モダリティーの認知のプロ
セスをコンピューターにのせ、システム上で計算、操作するためには、音楽
の知識表現、建築の知識表現を前提とした、音楽体験認知、建築体験認知の
モデル、そして、両者をつなぐ音楽建築結合モデルを考えていく必要がある。

わたしたちが《MbA》で注目するパラメーターはその表層的な特徴を示すものの属性ではなく、建築の構造と音楽の構造、建築の認知と音楽の認知の間の関係性である。

2. 建築と音楽の関係の基盤

　建築と音楽とをつなぐ認知の関係性の構築の基盤として、以下の三つのレベルの関係を仮定して説明を進める。
　1)〈相同的関係〉（原初的）　⇒　モノの有無、存在の認知、身体感覚など
　2)〈ゲシュタルト的関係〉（基礎的）　⇒　モノとモノがつくる関係の認知など
　3)〈総体・共通感覚的関係〉（共鳴的）（中村、1979）　⇒　より多元的、抽象的、質的なものの認知など

〈相同的関係〉と〈ゲシュタルト的関係〉は、わたしたちの原初的または基礎的な認知に基づくものだが、〈総体・共通感覚的関係〉は、〈相同的関係〉と〈ゲシュタルト的関係〉の集積の上におこる共通感覚的、総体的な関係認知である。
　以下、三つのレベルに個別に説明を加える。

2. 1.〈相同的関係〉（原初的）　〜関係1
〜存在の認知と身体感覚〜
　《MbA》において、関係認知の基礎、マッピングの基底にあるものとして、モノや音の存在など、モノが在ることの認知と音が在ることの認知的な相同の対応関係を考える。
　建築や音はわたしたちの生きる実体的な世界、環境に実際に存在し、その認知は身体感覚に根差している。《MbA》ではこのような世界のリアリティーにおける関係認知を一つの出発点とする。このような関係認知は、当たり前

のことであるが、建築とか空間とか音楽とかのモダリティーに特有のものではなく、わたしたちが無意識に行っている認知一般の基本的な所作である。

　三本のドリス式円柱（＝柱の**存在**）に対応するモノを考えるとき、三度の和音（人間が定義した音程、協和的質感）でもなく、バイオリンの音色（やわらかい、質的）でもなく、三つの音（**存在の認知**）のほうがより適切な認知的な相同にあたると感じられる。また、ドリス式円柱のような太く重い柱であれば、高い音というより、低い重厚な音がより相同な対応関係であると感じられる。それはそのことがわたしたちの実世界における体験、つまり大きいモノは重く、振動するとすれば、それは低い音になるという、事実、身体感覚に根差しているからである。わたしたちはまずはこのように実世界に根差し、自然と感じられるような認知関係を基礎、基底におき、これを仮に〈相同的関係〉と呼ぶ。

2. 2.〈ゲシュタルト的関係〉（基礎的）〜関係 2
〜モノとモノがつくる関係性の認知〜

　〈相同的関係〉における、柱がある、壁がある、音形 A がある、和音 B がある、のような個別の存在の認知を基盤にした対応関係の延長線上に、それらの組み合わせである"柱＋壁"、"音形 A ＋音形 B"のような**二つ以上のモノがつくる関係の対応**を考えることができる。例えば、ある柱とある壁が近接距離にあり、その関係が認知され、ある印象をつくり出していると感じられるとき、それを時間的に近接したある一定の関係におかれた"音形 A ＋音形 B"のペアに対応させることを考えることができる。また、三本の等間隔におかれたドリス式円柱と、同じ音の長さを持つ三つの連なる音の関係も、柱列の等間隔という関係を音の時間の等間隔性に対応させることが自然に感じられる。このような対応関係を考えることができるのは、**建築物も音楽もその要素（柱、音）はバラバラではなく、その関係性においてゲシュタルト的に認知され、グルーピングやパターンの認識が自然に行われるからである**（大串、2020）。柱であれ音であれ、何かのゲシュタルト要因、例えば

空間的にそばにある柱、時間的に近い音は近接要因により、グルーピングされる。そして様々なゲシュタルト要因によりそのグループはさらにグルーピングされ、**それらの関係は階層的に認知、把握される。**

　わたしたちが建築物を見て認知、体験するときには、その個々の部分＝窓とか柱を見るだけでなく、それらのコンビネーション、例えば壁で囲まれた空間など、さらにコンビネーションのコンビネーションなど、様々なレベルでのまとまり、ゲシュタルトを選択、認知、比較している。音楽も同様で、個々の音は聴こえているが、わたしたちは個々の音が集まってつくるグループ（ゲシュタルト）を音形、音句として聴き、それらをさらに上の階層からの視点でグルーピングし、比較し、そのグループどうしの形状のコントラストを楽しんだりする。《MbA》においてはこのように**音楽や建築のゲシュタルト的認知に基づいた、様々な階層レベルにある、建築的認知と音楽的認知を関係付けることを行い、これを仮に〈ゲシュタルト的関係〉と呼ぶ。**

〈相同的関係〉／〈ゲシュタルト的関係〉の例

　ここで一旦、具体例として《MbA》において使われた関係認知を紹介する。

・一本の柱がある　⇒　一つのある長さを持った音がある

・一本の太く重々しい柱がある　⇒　一つのある長さを持った低い音がある

・三本の柱がある　⇒　三つのある長さを持った音がある

・三本の太い柱がある　⇒　三つのある長さを持った低い音がある

・三本の等間隔に並んだ重々しい柱がある　⇒　三つの同じ長さを持った連続した低い音がある

・床がある　⇒　一つの低い長い音がある（床は空間的に低い位置にあり、比較的広い空間を占める）

・天井がある　⇒　一つの高い長い音がある（天井は空間的に高い位置にあり、比較的広い空間を占める）

・窓がある　⇒　二音からなる音形がある（窓は高さと幅を持ち、数個の要素からなる。ガラスがはめられていることもある）

- 三つの連なる窓がある　⇒　二音からなる音形が三回繰り返される
- 柱Ａ＋床Ｂ＋窓ＣからなるユニットＸがある　⇒　三つの別個の対応する音（音形）が組み合わされた音群Ｙがある

　建築物においては建築的要素の位置、要素間の関係は重力に従い、物理的に固定された一つの形状、ゲシュタルトを形成しているとも言える。それらの位置関係を、音楽へ一定のルールを決めて対応（おそらくは時間関係と音高）させれば、その音形としての形（ゲシュタルト）、音関係の輪郭が感じられるだろう。

- 上記の柱Ａ＋床Ｂ＋窓ＣからなるユニットＸと同パターンのものが別の場所にももう二箇所あり、

　　それらの三つ（Ｘ、Ｘ'、Ｘ"）をまとまりとして認知する　⇒

　　ユニットＸに対応する音形の複合体の音群Ｙが、変形されながら三回繰り返される

　建築ユニットの認知が多重化し、様々な階層の認知が交錯すれば、構成要素、個々のレベルの対応関係は音楽的構造物の中にとけこみ、建築認知と音楽認知の関係は、より抽象的なものになっていくだろう。

2. 3.〈総体・共通感覚的関係〉（共鳴的）〜関係３
〜総合的、質的、思弁的、文化的〜

　第三の関係として、より抽象的、総合的、共通感覚的な関係認知に共鳴的という言葉をあてる。〈総体・共通感覚的関係〉（共鳴的）は上記の〈相同的関係〉（原初的）、〈ゲシュタルト的関係〉（基礎的）という確実な認知関係の上にのせられていることを強調しておきたい。

　二種類の安定した関係認知（〈相同的関係〉、〈ゲシュタルト的関係〉）を基礎として〈総体・共通感覚的関係〉では要素どうし、グループどうしの関係には還元できない、より多元的で複合的な認知の結果としてわたしたちの前

に現出する印象、イメージなど質的なものを扱っていく。視覚認知にしかないモダリティーである色彩、音楽認知における音色、音の強弱、その時間的変化など、各モダリティー特有の質的なものもここでは考えていく。また、そこにはそれら感覚的なものと共に、文化的、思弁的な要素も入り込んでくる。なぜなら、わたしたちがモデルとして使っている現実の建築物は、ある現実の世界、文化、状況の中に存在しているからである。

　さて、この共鳴的関係認知を、わたしたちは視覚的空間的表現と音表現を行き来する自ら開発したインタラクティブなシステム〈GestaltEditor〉を使い、自らの感性を通して構成論的、実験的に探索している。そこでは新しい手法として、コンピューターをメタメディアとして駆使し、異なるモダリティーを持つ表現モデルをソースコードレベルで、組み合わせることも行われ、その結果として、異なるモダリティーの交錯の中に、一つの今までにない表現に出会うこともある。

　わたしたちは、これらの共鳴的関係を探る実験的なプロセスの帰結には、何か一つの正解があるのではなく、試行、探索、選択を通してわたしたちの感性をこのプロセスに表現していると考えている。例えば、一つの建造物が明るい環境にある場合と暗い環境にある場合のコントラストに対応する音楽構成を考えるとき、音楽のテンポ、音色の明度、音階の協和度、それらの組み合わせ、その他いろいろな構成要素への対応が考えられる。まずは暗いということは、"視覚的な輪郭、認知がぼやける"ので、そのことを"音楽的な輪郭がぼける"としてみて、暗さに応じて音楽構成音を一定の割合で間引く（音が減り、ゲシュタルトが微妙にくずれる）ようなことを行ってみることもできる。そしてその結果を耳と目で吟味、判断し、納得いかなければ他の方法を次々と試すといったことを繰り返してきた（この場合でも〈相同的関係〉（原初的）、〈ゲシュタルト的関係〉（基礎的）による基盤となる関係性は担保されている）。

〈総体・共通感覚的関係〉（共鳴的）の例

　以下、具体例として《MbA》においても使われた関係認知を紹介する。

・体験者は二階の窓の列（黒）から、赤いエントランスに目を移した　⇒
　モティーフを演奏する楽器の組み合わせと音階を変えてみる。

　　色彩の対比のようなものを楽器音の音色の対比に対応させることは考え
　うることだが、両者のモダリティーは別物で、赤や黒という色に対応する
　楽器の音色を安易に探すことは避け、音階や音程の変化なども併せて試み
　る。よいと感じられるものがあればそれを選択するが、うまくいかなけれ
　ば、または他のものと組み合わせてみる。

・体験者は様々な建築ユニットを様々な角度、距離から見る。　⇒　建築ユ
　ニットに対応するモティーフの組み合わせの核（ゲシュタルト的関係）は
　変化しない。それらの重ね合わせの関係、速度、音程関係を変化、対応さ
　せる。

3. 音楽と建築の認知モデルとそれらの連携

　建築と音楽のパラメーターどうしを直接にマッピングすることは意味をな
さないこと、《MbA》においてはそこに人間の認知を介在させ、建築空間体
験と音楽体験をつなぎ、一つの体験へと統合すること、そのために音楽や建
築の知識表現や認知体験モデルが必要なことなどを、この章の冒頭に書いた。
　そして建築と音楽の関係の基盤として建築と音楽とをつなぐ三つのレベ
ル、〈相同的関係〉、〈ゲシュタルト的関係〉、〈総体・共通感覚的関係〉の説
明を行った。
　ここではさらに、知識表現や認知モデルを提示、解説し、それらを結合し
行われる《MbA》の制作プロセスを具体的に示す。

3. 1. 入れ子状認知体験モデル
　《MbA》における作品制作にあたっては既出の図4・1・1のように

① 音楽認知モデル　人間が音楽を認知する
② 建築体験認知モデル　人間が建築、建築空間を体験認知する
③ 音楽建築結合モデル　建築体験認知モデルと音楽認知モデルをつなぐ
④ 体験デザインモデル　①〜③を一つの体験として統合する
の四つのモデルを組み合わせる。

　以下、これら音楽認知モデル、建築体験認知モデル、音楽建築結合モデル、体験デザインモデルを順次詳述する。

3. 2. 音楽認知モデル

　まず音楽認知モデルでは、わたしたちが、音楽の要素、構造、シンタックス、それに付随する諸々の事象をどのように理解、扱っているかについて、わたしたちの知識、アプローチを整理する。

音楽の要素：

　人間が認知する音の基本的な要素は主に以下のようなものである。

　　1）音色（倍音成分や音の立ち上がりの特徴が重要）

　　2）音の強さ（振動の大きさ、倍音成分の差異）

　　3）音の長さ（音の持続時間）

　　4）ピッチ（音の高さ、周波数）

音楽構造の把握：

　以下のわたしたちになじみのある音楽用語の概念はどれも、文化によって恣意的に作り出されたと言うよりは、人間が進化の過程で学習、獲得したものに、後に文化を通して把握され、名前をつけられたようなもので、なんらかの生理的基盤が背後にある。

　　音階／調性：音のピッチ（高さ）の集合、その出現の偏りにより調性が生じる。

　　楽句：順序構造を持った音のグループ。

楽節：いくつかの楽句からなる、さらに上の階層のグループ。

メロディー：順序構造を持ち、分節化された音の集合。音高とリズムにより特徴づけられ、記憶される。

和音：音程関係によって特徴づけられた同時に現れる音の集合。
倍音音列にそったものがより原初的、基礎的。

和声：コード進行、順序構造を持った複数の和音のシーケンス。

リズム：時間的にパターン化されたいくつかの音の集合、音に強弱（アクセント）がつくことも多い。

音色：ある特徴的倍音成分を持つ質的なもの、個別の音色は個別のクオリアを持つ。

音楽認知の基本事項：

1）音楽はゲシュタルト的に認知される。

　　このことは《MbA》で使われる、伝統的な作曲技法の概念でもある、テーマ、音形模倣、移調、楽節の拡大、縮小、リズム、反復進行などの背景にある基本的な事項である（大串、2020）。

2）個別の音は意味を持たず、個別の音が集まり、グループ化されるとそれらは最小単位の音楽的な意味を持つ。
つまり複数の音が集まり、音楽的な意味のあるフレーズを形成する。

3）グループは集まり、さらに上位のグループを形成し、階層構造をつくる。
つまりフレーズが集まり、楽句となりメロディーとなり、楽節となり etc..。

4）音楽は時間軸の中に順次、シーケンスとして提示され、その把握のために**記憶が強く介在する**（音楽では建築や絵画のように多くのエレメントやその関係性の同時間的把握はできない）。

5）記憶の保持強化のために繰り返しや、音程やリズムなどを使った特徴付けが行われ、脳によってその特徴を中心に抽象化され、音楽は階層的に記憶される。これらは1）にも書いたように伝統的な作曲法の概念でもあり、モティーフ、テーマ、繰り返し、音楽形式などとしてわたしたちが知って

いるものである。

音楽認知と脳：

　音楽は人間が作り出した文化的現象でもあるが、音楽の聴取、享受は人間の身体、生物としての生理、つまり聴覚などの感覚器官、とくに脳の認知機能に大きく依存しており、音楽は脳内現象とも言え、音楽は人間の認知機能にそった認知可能な形式を持つ必要がある。

3.3. 建築体験認知モデル

　わたし（古川）は建築の専門家ではないが、建築体験認知を音楽認知モデルと結合するために、ここでは短く、建築体験へのわたしのスタンス、理解を整理しながらモデルを記述する。

建築を構成するモノ自体と体験者による認知の区別：

建築体験認知モデルにおいては、

1) （体験者、認知者の有無に関わりなく）建築物自体、建築の構造がどのようなものであるのか、建築を構成するエレメント（材質など）自体が何であるのかというようなことと、

2) 体験者がその建築物、建築空間をどのように認知、体験するかという、二つの側面を基本的に区別する。しかし、実際の認知体験においては両者は不可分に結びついていることもある。

建築体験認知モデル：

1) 個別の構成エレメント（窓とか壁とか）を最小単位として認知する。

2) それらの組み合わせ、さらに組み合わせの組み合わせなどを様々な規模のユニットとして階層的に認知、把握する。

　それは複数の柱からなる柱列かもしれないし、窓と壁の組み合わせかもしれないし、またそれらが多数組み込まれ構成された、より上位の階層、建

築物の一番大きな単位であるファサード（建物の正面全体）かもしれない。

3）認知には体験者（観察者）の視点が想定されており、この視点がどのエレメント、ユニットを見るのかを決定する。つまりモノとして建築物と体験者の認知がセットになっている。

4）体験者の空間内の位置により、建物への距離、見る角度は変化し、建築の同一のユニットも異なって見え、異なって体験される。

5）体験者は建物全てを同時には見る／体験することはできず、時間軸の中でシーケンスとして分解しつつ順番に体験する。

6）体験者に見えているものだけが認知されているわけではなく、壁の向こう側にも建造物が続いていることを体験者は知っており、それを前提として、建物全体構造との関係で個別のエレメントもユニットも認知される。

7）体験者は個別の構成エレメントの色、質、材質などを認知する。

8）体験者は建築物がうける光などによる明暗、色彩変化を認知する。

9）体験者は建築物に含まれるユニットの用途、意味を認知する場合がある。例えば、玄関とか居間、ファサードなど。

3. 4. 音楽建築結合モデル、構造と構造の〈共鳴〉

　3. 2、3. 3で音楽認知モデルや建築空間認知モデルを説明したが、ここではこの両者を関係付ける方法を実際に示す。それは2.1、2.2、2.3で提示した、以下の三つの関係認知を出発点とし、それらを組み合わせたものになる。

1）〈相同的関係〉（原初的）　モノの有無、存在の認知、身体感覚

2）〈ゲシュタルト的関係〉（基礎的）　モノとモノがつくる関係性の認知

3）〈総体・共通感覚的関係〉（共鳴的）　より多元的、抽象的、質的なものの認知

二つの認知モデル（音楽認知モデル、建築体験認知モデル）の関係性の基層：
　以下、実際の二つのモデルの結合を作例を通して説明する。
　まず、例えば〈相同的関係〉（原初的）により、建築の単独エレメント、

一本の柱があるという認知を一つの音があるということに関係付け、コンピュータープログラムに書きいれるとする。そしてその柱が太ければ、ピッチ（音高）の低い音をそれにあてる。楽器はコントラバスが適切かもしれない。これもプログラムに書きいれる。すると体験者が柱を見る＝体験すると自動的にコントラバスの低い音が生成されてくることになる。柱が3本なら三音、八本なら八音（これは〈ゲシュタルト的関係〉）生成されるようになる。このように音楽建築結合モデルの関係性の基層には建築の単独エレメントと音形の対応関係が埋め込まれている。

関係性の展開（構造と構造の〈共鳴〉）：

　次に例えば、どっしりとした白く明るい床の上に八本の柱が等間隔に立っているとする。この床＋八本の柱のユニットの独特の位置関係、印象を八個の均等な音長、リズムを持った音楽構造、明るい音階構造に関係付ける。また、体験者の視点からのこのユニットを見る角度、距離によって、ユニットに対応する音の長さ全体が変化するようにプログラムに書きいれる。このように体験者が認知するもの、体験する事柄をどんどん書きいれて、コンピューターによって自動生成された音を、すぐに建築のCGと合わせて視聴し、たくさんの変数を持った構造どうしの関係を実際に自分の目と耳と感性で調整しながら、音楽的認知や建築空間体験認知の〈共鳴〉する新しい領域を探る。

建築空間と音楽的時間：

　建築的なものは空間性という特質を持ち、そのエレメントは空間的な位置関係を持つ。一方、音楽は時間内構造を持つが空間性は持たない。《MbA》では主に空間的な位置関係を時間内順序関係に対応させる。つまり観察者、体験者の視点の順次の変化を時間的な順序構造に対応させる。音楽の空間性には記憶が介在し、ある楽句が記憶され、それが再び現れ再認されるとき、音楽が物理的な時間の隔たりを超え、空間的に認知、把握されたことになる。

3. 5. 体験デザインモデル

　一人の人間が（CGの）建築の周りを歩き、中に入ったり遠くから眺めたりして、建築の部分や全体を順次、ある一つの時間軸上で継時的に体験すること、つまり窓、柱など個別に注目したり、その組み合わせを見たり、ファサードのようなたくさんの要素からなる建築単位を見たりしてその建築、空間を把握し楽しむ。そして、同じ人間が同時に同じ時間軸上で継時的にそこから生まれてくる音楽を聴く。そこでは建築認知体験に対応、〈共鳴〉した音楽は建築体験と同様に階層化、空間化され空間体験と同時に把握され、感受される。《MbA》を体験するとはまさにこのようなことであろう。

プロセスとプロセスの〈共鳴〉：

　もちろん、建築体験のプロセスと音楽体験のプロセスが別々に把握、理解されることを《MbA》は意図していない。音楽建築結合モデルでは構造と構造の〈共鳴〉について書いたが、《MbA》から生まれた作品を一つの体験として構成、デザインしていくためには連続的で時間的な長さを持った、より大きな複合的な様々な階層のプロセスとプロセスどうしの〈共鳴〉、建築体験プロセスと音楽体験プロセスの〈共鳴〉を考えていく必要がある。図4・3・1の中の一番大きな矢印の対応関係が、一番上の階層のプロセスどうしの関係である。その下にはより細かい階層の構造どうしの関係がある。

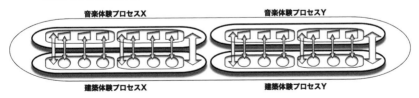

図4・3・1　様々な大きさを持ったプロセスどうしの対応のイメージ

音楽のプロセスと建築体験のプロセスの交差と〈共鳴〉:

　プロセスとプロセスの関係、つまり建築的認知と音楽的認知の上位階層どうしの関係〈共鳴〉は多様で、一つのモデルとしてまとめることはできないので、実際に例を挙げて説明する。

体験デザイン例1

　例えば、建築体験において「その建築の個々の部分を順次見て、さらに部分の組み合わせを見て、建物全体に至る。そしてその後、全体を斜めから見て…」というようなプロセスがあるとする。そしてそれに交差、対応する音楽のプロセスとして、「個別の音楽のモティーフが最初に提示され、徐々に変形され、ほかのモティーフと組み合わせて、繰り返し展開される。そして建築物全体に対応するたくさんの音形のモティーフが様々に構成を変えて提示される」というようなプロセスがあるとする。このような連続した意図、継時的な構成を持った建築的体験プロセスと音楽的体験プロセスが交差し、新しい体験を生み出していくことが《MbA》の意図するところで、"体験デザイン"とはこのように、いろいろなレベルのプロセスとプロセスの〈共鳴〉をうまく組み合わせ、調整しデザインすることである。

　このような音楽のプロセスと建築体験のプロセスの〈共鳴〉のデザインはいろいろなものが考えられる。

　以下《MbA》で実際に使ったプロセスどうしの〈共鳴〉の例をさらに二つ例示する。

体験デザイン例2

　全体の体験プロセス:建物がだんだん組み立てられていく。対応する音形が新たに加わり組み合わされる。

　建築体験プロセス:床、壁一枚から、庇、ドアなどと、一つずつエレメントが増えていき、建物が完成されていく。

音楽プロセス：対応する音形が徐々に加わり、累積し音楽が具体化、階層化、複雑化していく。

解説：

　音楽プロセスと建築体験プロセスの組み合わせにおいて、音楽にも建築にも最初からたくさんの要素がありすぎると、どのユニットがどの音のモティーフに関係しているかわからなくなる。しかし上記のプロセスの場合、視覚的に順次、変化するエレメントを限定することにより、建築構成要素がどのような音、音形構造、構造変化に対応しているか、その両プロセスの結びつきの様相がはっきりと感じられる。そしてその流れであればプロセスの中で要素が増え関係が複雑化しても、両者の関係はより必然性を持って適切に感じられ、表現としての〈共鳴〉がよりわかりやすくなる。

体験デザイン例3

　全体の体験プロセス：あまり変化しない継続的認知において、変化する部分と不変の部分の差異を観察する。

　建築体験プロセス：ある建築ユニットにだんだん近づく（距離のみの変化）、そして距離は一定のまま見る角度を変えていく（角度のみの変化）。つまり見ているものは同じ。

　音楽プロセス：建築ユニットに対応する同じ音形の組み合わせが、リズムの変形や移調を伴って繰り返される。繰り返しによって、不変の核の部分（おおまかな音程関係、リズムの比）が炙り出され、テーマのように認知、記憶され、それが建築ユニットに結びついて把握される。

解説：

　ある建築ユニットがいろいろな条件下で繰り返し観察されるとき、それに対応する音ユニット（音要素の組み合わせ）も繰り返し現れ、その音ユニット（音要素の組み合わせ）は 繰り返し聴かされることにより、記憶に刻み込まれモティーフ（＝特徴のある音の形）として記憶され、その記憶を認知の核、よりどころとして建築の空間体験と音楽体験の〈共鳴〉がおこる。

〔参考文献〕

1　中村雄二郎『共通感覚論』、岩波書店、1979 年。共通感覚（common sense）とは、五感を別々ではなく、それらを複合的に組み合わせて行う総合的な知覚のこと。

2　大串健吾ほか『音楽知覚認知ハンドブック』、北大路書房、2020 年、pp. 59-60、pp. 83-84。

第5章 創作を支える仕組みのデザイン：
作品制作の流れと創作システムの構築

濵野峻行

1. 本章のフォーカス

　《MbA》の表現形式は、ある建築空間の映像とそれに対応する音楽をともに鑑賞するもので、オーディオ・ビジュアル作品である。作品は、単に壮麗な建築空間の映像にバックグラウンド・ミュージックを付けたようなものではなく、空間と音、建築と音楽、あるいは視覚と聴覚という異なる表現やモダリティーの認知的関係について鑑賞者に問い、議論を促すことを狙いとした実験的な表現によって構成されるものである。現時点の試みを端的にいえば、空間的な構造や体験を音楽で表現するという実験的創作である。

　本章では、これまでに述べられたプロジェクト《AdM》の理念から作品表現が作られるまでの過程、またそれを実現するための仕組みとしての創作システムについて解説する。

　まず2節で作品制作全体の前提と流れを概観し、3節で制作のために独自に構築した創作システムについて述べる。それらを踏まえ4節では具体的な作品を例に、各プロジェクトメンバーが創作システムとどのように関わり合いながら制作を進めてきたかを示す。

2. 作品制作の全体像

2.1. なぜ作品を作るのか：実験的創作というアプローチ
　プロジェクト《AdM》の特徴は、「異なる表現間にいかなる認知的な関係

が見られるか」という研究の関心に対して、実験的創作という方法を採っていることである。これは一種の構成論的アプローチに基づく手法と見なすことができる。構成論的アプローチは、特にモデルを事前に仮定することが難しい対象について、「作る」ことを研究の起点として対象の理解を促そうとするものである。近年認知科学やAI・ロボット工学においても注目されている手法であり、仮説を立てて分析的に検証するような手法とは対照的である。

　構成論的アプローチとしての実験的創作を採用した主たる理由は、多様なレイヤーや要因が絡むと考えられる認知的事象について、まずはメンバー自らの感覚に問い、さらにその体験を他者、すなわち鑑賞者と共有することに興味の中心があったためである。当然ながら、条件を統制して細かく要因ごとに検証を行って一般性を求めることも可能ではあるが、このプロジェクトでは認知的プロセスについて自らの感覚と照らし合わせながら考えをめぐらすことの面白さ、体験の特異性を鑑賞者に向けて広く共有することに、アートとしての役割を見出している。

　従って《MbA》の作品の目指すものは、音楽を通じて空間を観る、あるいは空間を通じて音楽を聴くという体験を提供することで、私たちの認知を支えるものが何であるのかについて、枠にとらわれない多角的な考察を促すことである。《MbA》では建築空間と音楽との認知的対応関係を仮定し、その任意のルールに基づき空間と音楽の表現を同時に生成する。その表現はプロジェクト《AdM》のメンバーによる一つの答えであり創意も多分に含んだものであるが、二つの表現のぶつかりにより生まれる違和感こそが、対象理解への豊かなヒントとなることを期待している。

2.2. 制作プロセスと作品形式の決定
制作プロセス

　長年にわたる実験的創作の実践を経て、表5・1に表す（A）〜（D）の制作プロセスを確立した。これらのプロセスは基本的に上から順に行われるが、（D）のパフォーマンス結果を受けて再び（A）（B）の過程に戻って改善し、

表5・1 《MbA》の作品の制作プロセス

（A）記述：建築過程と空間体験の記号化 作品のモティーフとする建築空間を建築家が分析し、空間構成や建造のオペレーション、体験構造などを自己開発した専用ソフトウェア（〈GestaltEditor〉）で記号的に表現する。
（B）転化：建築と音楽の構造的対応関係のルール決め 空間構成や建築過程に対してどのような音楽を生成するか、音楽家と建築家の議論によりマッピングルールを決定し、プログラムとしてコーディングする。
（C）生成：（A）（B）に基づく作品素材の出力 （A）の空間情報および（B）の音楽化のルールをもとに、コンピュータープログラム（〈AdM Player〉）が鑑賞のための画像や音楽データを自動的に出力する。
（D）パフォーマンス：鑑賞体験の実現 生成された素材データをシーケンスとして統合し、映像データまたはその他の演奏システムによるパフォーマンスとして上演する。

作品のアップデートを繰り返し行った。

メンバーの役割

　上記（A）〜（D）のプロセスのうち、（A）（B）はプロジェクトメンバーである各専門家による創意やデザインが含まれる過程である。各メンバーの主な担当は以下のとおりである。

- ●建築（藤井）：プロセス（A）〜（B）において、モティーフとする建築の解釈、記述、音楽との認知的関係のディスカッション
- ●音楽（古川）：プロセス（B）〜（C）において、空間構成と音楽表現との対応関係の言語化、作品全体のディレクション
- ●メディアアーキテクト（濵野）：（A）で用いる記述用ソフトウェア環境開発、（B）で定めた対応関係に基づくコーディング、（C）（D）での作品生成・上演用コンピュータープログラムの開発

これらのメンバー間協力により、プロセス（C）（D）では（A）（B）にて

定めたルールに従って機械（コンピューター）が自動で処理し、作品表現として具現化する。

　従って、このプロジェクトの作品は単なる建築から音楽への機械的な変換ではなく、建築と音楽の認知に関するプロジェクトチーム内のディスカッションや考察を具現化したものといえる。

作品形式
　《MbA》の作品形式［注1］は、映像音楽（ビジュアル・ミュージック）である。映像の構成要素は、1枚の静止画とそれに対応した音楽を組み合わせた場面、シーンである。最終的な作品映像は、異なる視点や建造過程を表す複数のシーンからなる建築空間の画像スライドのシーケンスであり、各シーンに対応して出力された音楽を画像提示と同時に演奏するかたちを取る。

　作品が複数のシーンで構成されることの意味は、鑑賞体験を通して次のような事柄について確かめたいためである。
●建築が個別の要素から全体的構造として作られていくまでの建造過程
●ある建築空間を異なる角度で見比べた（聴き比べた）とき、あるいはウォークスルーのように空間内を歩き回った場合の認知的変化
●空間の修飾的要素を削ぎ落とした、抽象的な空間の意味構造
　これらの結果が連続的に確認できるよう、一つの空間モデルから複数シーンを生成する制作プロセスを採用している。なお音楽の演奏方法には、いくつかのバリエーションがあり、これについては4節の（D）で触れる。

3. 創作のためのシステム構築

3.1. 創作システムの全体像
　《MbA》では創作タスクに応じたソフトウェアを様々に組み合わせることで、作品制作を実現している。ソフトウェアは既存のものを活用しつつも、このプロジェクトのために独自に作成した部分が多い。

図5・1は本創作システムの概念図である。左に記す前述の制作プロセス
（A）〜（D）に対し、二つのソフトウェアユニットが担う範囲と役割を示し
ている。

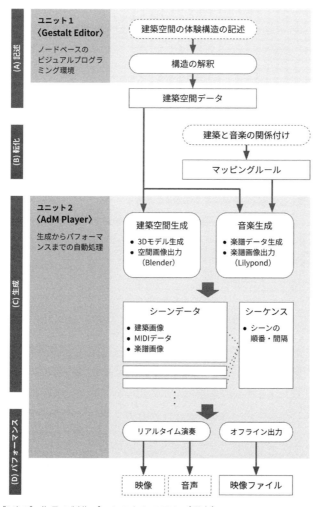

図5・1　《MbA》作品の制作プロセスとシステム（現在）

各ソフトウェアユニットの役割は以下のとおりである。

●ユニット１：〈GestaltEditor〉… 建築空間の体験構造を、ユーザが記述することができる自己開発のビジュアルプログラミング環境である。記述を解釈し建築空間データとして出力する。

●ユニット２：〈AdM Player〉… 建築空間データと建築・音楽間のマッピングルールを入力とし、諸々の素材の生成からパフォーマンスのための演奏処理までを担う。

次節にてそれぞれのユニットの必要性や開発過程を詳述する。

3.2 ユニット１：〈GestaltEditor〉

《MbA》において〈GestaltEditor〉は、建築空間体験の記述のために用いる独自ツールといえるが、研究を進める中で徐々にその目的を変化させながら開発を行ってきた。経緯を簡単に示した上で、最新の〈GestaltEditor〉が持つ機能を説明する。

開発の経緯：初期（音楽の多次元構造の記述）

〈GestaltEditor〉の開発当初（2010 年頃）における本来の趣旨は、音楽構造の記述を可能にするツールを作ることであった。当時の目的について以下のように説明されている。

> 音楽的構造要素（音の高さ、強さなどの数値化可能な要素と、「やわらかい」「楽しい」などの言語ラベルで表現可能な要素）の多元的なレベルとグループの関係性を視覚的に表現し、演算可能な形式で出力を行うことを可能にする（大村、et. al., 2010）。

このコンセプトの背景には、音楽は多次元的なゲシュタルト性を持った認知的対象であるという考え方がある。音楽表現は、個別の音の特性（音高や音価、音色など）が組み合わされたパターンと見なすことができるが、人間は、これらの特性ごとに分けて認知しているのではなく、諸特性が相互に関

係付けられた総体として多義的に意味を解釈する。この認知プロセスの結果として情動が生み出されると考えられる。

　そこで表層的な音楽の構造だけではなく、意味や情動の次元も含めた構造表現を行うことを狙いとして、多次元構造を視覚的に表現するエディタである〈GestaltEditor〉の開発を始めた。エディタは構成要素に対する階層的グルーピング構造をグラフィカルユーザインタフェースで編集することができるものである。その際に木構造のような単純な階層構造だけでなく、セミラティス構造を扱えるようにすることにより、構成要素に対して多次元的に属性を与えることが可能となった。

開発の経緯：中期（作曲ツールとして）

　次に〈GestaltEditor〉で記述した音楽の構造データから実際の音楽への変換と、それによる作曲への活用を試みた。音楽への変換は「インタープレーター」と呼ぶ外部プログラム［注2］を別途作成して行った（古川、et. al., 2010）。

　作曲のプロセスは、音楽の要素とその関係性の記述を〈GestaltEditor〉で行い、書き出した構造データを仮定のモデルに基づいて解釈し、音データへ書き換えることによって楽譜情報を生成するものである。エディタでは音楽の構造を以下のように記述する。

- ●音楽の最小要素は「アトム」と呼ぶ数個の音が集まったものである。
  - ○アトムは和声、リズム、音色などの要素を形成することで「性質」を持つ。
  - ○性質は具体的な音の構造（長三和音など）から抽象的レベル（軽快、悲しいなど）まで無段階に存在する。
- ●複数のアトムからなる「グループ」を定義できる。
  - ○グループにより、アトムもしくはグループ間の関係性を複層的に表すことができる。
  - ○主な音楽構造の関係性には、同一／類似、協調的／相補的、対比などがある。

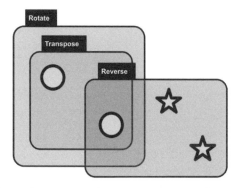

図5・2　初期〜中期の〈GestaltEditor〉の模式図：アトムとグループ

　〈GestaltEditor〉ではこれを視覚的に表現する。図5・2において丸形と星形の図形がアトムを表し、それを囲む枠がグループとなる。

　上記の方法で記述したものに対し、インタープレーターは構造の多元的な性質を考慮しながら音楽への変換を行う。インタープレーターには、音楽を構成する素材やモティーフ、またそれらに対する音楽理論的な演算を予め定義しており、構造解釈の結果から演算順序を決定し処理する。

　こうした試みの特質は、音楽の具体的な構成要素と情動にも近い抽象的レベルとを常に対応付けながら記述し、音楽への自動的な変換によってフィードバックを得ることができることである。〈GestaltEditor〉を用いる場合、一般的に作曲家の暗黙知に頼って行われる音楽の複雑な関係の把握を意識的に図ることができる。その過程で音楽の要素やグループの関係を分析し、ある構造が例えば「楽しい」「悲しい」といった抽象的レベルと分離せずに不可分のものとして扱うことを可能にする。

開発の経緯：現在（クロスモーダル表現の共存に向けて）

　上記の開発を進める一方、モダリティーの異なる表現の相互関係は常に研究の関心事であり、特に音楽と建築を共通の記号的レイヤーで扱えるように

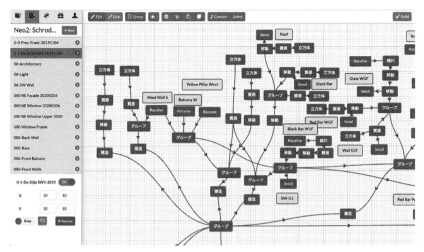

図 5・3 〈GestaltEditor〉動作画面、建築空間記述データの例

することを望んでいた。そこでこれまでの開発の知見を引き継ぎつつ、音楽家と建築家とが同じ基盤を通じて協働できるプラットフォームとして機能するよう、〈GestaltEditor〉の新版を 2019 年に開発した（濵野、et. al., 2020）（図 5・3）。

新版〈GestaltEditor〉の主な特徴は以下のとおりである。

● オンラインのウェブアプリケーション … メンバー間の研究コミュニケーションを加速させることに寄与した。

● ノードベース（node-based）のビジュアルプログラミング環境 … 前バージョンで複雑な階層関係（グループの包含関係）を記述すると視認性が悪くなる問題を解消した。また各ノードの内部にスクリプト（JavaScript）をコーディングして実行できるようにしたことにより、構造と処理を一致させやすくなった。

● 記述から生成までの一貫したワークフロー … 構造の記述から音楽や建築素材の生成まで、一貫してオンライン上で行えるようにした。

これにより音楽と建築の構造を同じ画面上で編集でき、かつ各研究メン

バーの手元で両表現を生成して確認できるようになった。またウェブベース
の創作環境はメンバー間の連携が取りやすくなっただけでなく、システムの
アップデートが迅速に適用できるため、流動的な研究の方針に合わせて、柔
軟に変更を反映できるメリットが生まれた。

　なお最新の作品制作ワークフローにおいて、〈GestaltEditor〉は専ら建築
空間の体験構造の記述のために用い、各表現素材の生成プロセスは後述の
〈AdM Player〉に移植して委ねている。

3.3 ユニット 2：〈AdM Player〉

　〈AdM Player〉と名付けたもう一つのユニットは、建築と音楽それぞれの
作品素材の生成からパフォーマンスのための出力までを一貫して行う。この
ユニットは制作プロセス（C）生成と（D）パフォーマンスの制作過程を担う。
処理内容はある程度カスタマイズを行うこともあるが、基本的には生成から
出力までを自動で行う。

　〈AdM Player〉が担う処理の流れは以下のとおりである。

● 〈GestaltEditor〉から出力された建築空間データと、建築・音楽の対応
　関係についてコーディングしたマッピングルールを入力として取る。
● シーンごとに建築空間の 3D モデル生成とそれに基づく画像出力を行
　う。
● またシーンの空間構造に対応した音楽をマッピングルールに基づいて生
　成し、楽譜を出力する。
● 上記のシーンごとの素材を出力した上で、シーンを規定の順番に並べて
　演奏できるよう、シーケンスデータを生成する。
● パフォーマンスとして、映像と音声のリアルタイム出力による演奏、ま
　たは映像ファイルへのオフライン書き出しを行う。

　なお〈AdM Player〉内部のソフトウェア構成は、既存の外部ソフトウェ
アを多数組み合わせて作っている（表 5・2）。

表 5・2　〈AdM Player〉で使用する外部ソフトウェア

使用ソフトウェア	〈AdM Player〉での用途
Blender［注 3］	建築の 3D モデル生成と画像出力
LilyPond［注 4］	音楽の楽譜出力
Node.js［注 5］	全体を統括するホストプログラム

4.《MbA》作品ができるまで 〜ファンズワース邸を例に〜

　前節でのシステム的観点に基づく説明に対し、本節では実際にミース・ファン・デル・ローエによるファンズワース邸を題材とした作品を例にしながら制作過程をなぞる。その中で各メンバーがどのような創意工夫を重ねて制作してきたかを併せて述べる。

4.1.（A）記述：建築構造と空間体験の記号化

　作品制作の最初のステップは、題材とする建築物の要素や構造、またその空間でどのような体験がなされるかについて、コンピューターで扱えるよう機械表現として「記述」することである（図 5・4）。このプロセスは建築家

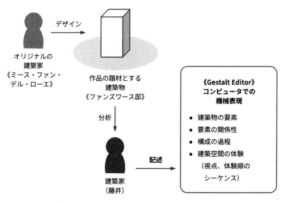

図 5・4　記述プロセスの概略

の藤井がファンズワース邸に関する図面や写真資料などから、建築構造や設計の意味を読み解き、前述の〈GestaltEditor〉を用いて作業を行った。

　〈GestaltEditor〉はノードベースのビジュアルプログラミング環境であり、建築構造が作られる過程、手続き、アルゴリズムそのものを記述するための機能を擁する。また同時に、単純な木構造ではない要素間の構造的関係性、包含関係を表現することもできる。

　このような〈GestaltEditor〉を用いた記述は、一般的な建築用 CAD ソフトウェアとは方法が異なる。CAD は最終的に作られるモノがいかなるものであるかというある種の宣言的な指向であることと比べれば、〈GestaltEditor〉はあるモノがどのような過程を経て作られるかに重点を置いた手続き的なプロセス指向であるといえる。

　図 5・5 は最も単純な〈GestaltEditor〉での建築構造の記述例である。構成要素や処理は画面上でノード（画像中の柱、床、建造などのブロック）として表され、ノード同士を接続することで手順を定義することができる。こ

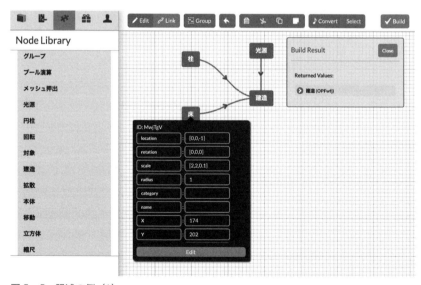

図 5・5　記述の例（1）

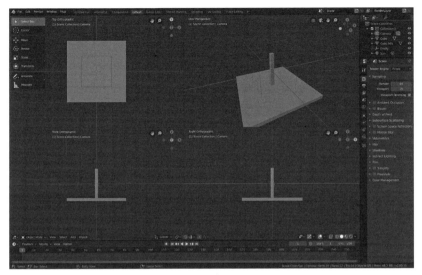

図 5・6　記述の例（1）をもとに生成した CG（三面図＋パースペクティブ表示）

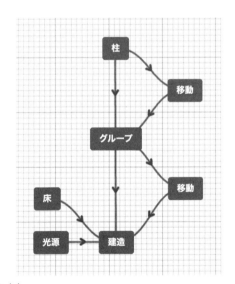

図 5・7　記述の例（2）

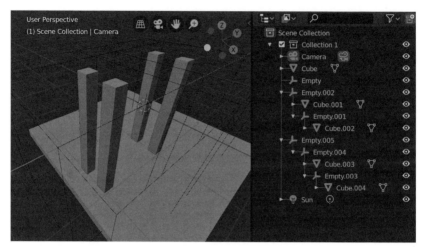

図5・8　記述例（2）の生成結果、内部的な階層構造

の例は立方体の形状をベースに柱と床を定義し、それぞれの位置や大きさを設定した上で建造する、という建築の構成過程を表している。

　この記述をもとに3Dグラフィックとして可視化したものが図5・6のBlenderの画面である。

　次の図5・7の記述は、要素に対する操作とグルーピングの例である。この例では柱とそれを複製して移動したものをグループとして定義し、さらにそのグループとそれを複製して移動したものを建造している。このように構成要素に対しては移動や回転、縮尺の変更、複製、ブール演算などの処理を加えることができ、複数の要素をグループとして扱うことで、多層的に複雑な構造を表現することができる。

　上記の記述（2）を可視化したものが図5・8である。画像左のように二つの柱により構成されるグループが、二つ生成されていることがわかる。画像右に示すのはBlender上での構成要素の階層関係である。〈GestaltEditor〉では単純な木構造ではないセミラティス構造のようなグルーピングを表現することも可能であるが、Blender用に生成する際には便宜的に階層構造とし

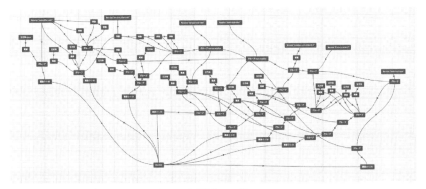

図5・9　ファンズワース邸をもとにした記述の一部

て扱えるよう変換を行うようにしている。

　さらに建造のノードを複数箇所に置いて接続することで、異なるシーンを生成することができる。例えば建築が構成される途中過程を出力したり、異なる視点や角度から見るという空間体験の定義を行ったりすることが可能になる。そのように生成された複数のシーンは、後のプロセスで作品のシーケンスとして時間順に組み立てられる。

　実際の作品制作も基本的には前述の方法と同様である。図5・9はファンズワース邸について藤井が記述した一部分である。ファンズワース邸においては建築空間全体を表現するにあたり、このような部分ごとの記述を20ページほどにわたって作成することとなった。この記述のプロセスの時点では音楽との関係はまだ考慮せず、あくまで建築の観点で忠実に表現することを行った。

4.2.（B）転化：建築と音楽の構造的対応関係のルール決め

　続いては、音楽表現に最も影響を与える「転化」［注6］のプロセスである（図5・10）。転化とは、建築と音楽の対応関係をマッピングルールとして定め、そのルールに従って建築の構造から音楽の構造への変換を行う過程のことである。プロセス（A）で記述した建築の生成過程や体験の構造をどのように

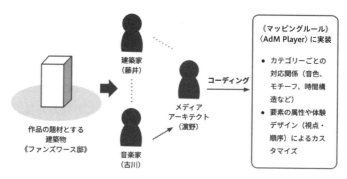

図 5・10　転化プロセスの概略

音楽的構造と対応付けていくかについて、このプロセスでは建築を入力とするミュージフィケーション（音楽化）を行うためのルールを決める。転化のプロセスは、音楽家の古川を中心に議論を行い、そこで出たマッピングルールの案をメディアアーキテクトの濵野が〈AdM Player〉の楽譜生成プログラムとして実装した。

　転化はプロジェクト《AdM》において最も重要なプロセスである。なぜなら転化のルールには何か決められた正解があるわけではなく、建築と音楽とでどのような知覚的・認知的な共通性があるかについて、このプロセスを通してルールを変えながら試していくことこそが、研究の焦点とするところであるからである。そのため、何度もルールを変えながら出力結果を確認し、再びルールをアップデートすることを繰り返し行った。

転化のマッピングルール

　試行錯誤を経て、転化のルールの原則を以下のように定めた。
- 建築の構成要素のカテゴリー（柱、床、壁など）は、楽器の音色に対応させる。すなわち、各カテゴリーは、音楽では一つのパート（チャンネル）に対応する。
- 各構成要素の実体は、種類ごとに決められた音楽のモティーフ（音列）

表 5・3　転化マッピングルールの詳細

	建築		音楽
建築カテゴリー （柱、床、壁など） ごとの生成	カテゴリーの種類	→	楽器（音色） モティーフ（音列）
	要素の容積	→	モティーフの音量
	要素の上下の位置	→	音の高さ、倍音
グルーピング構造	建築要素のグループ	→	要素モティーフからなる フレーズ
	視点からのグループの 距離	→	楽曲中の時間配置（視点に近 いものほど先に演奏される）
	全体のグルーピング構造	→	全体構造の可聴化（背景音）
	グループの容積	→	フレーズの縮尺 （拡大・縮小）
体験の定義	各シーンの視点方向	→	楽曲全体の転調
	空間体験の順序 （建造過程やウォークス ルーの反映）	→	シーンの演奏順

に対応させる。

●各要素の視点からの距離は、音楽の全体的な時間構造に対応させる。視
　点から近い要素は先に演奏し、遠い要素はあとに演奏される。

　この他、詳細なルールは表 5・3 のとおりである。

　ルールを決めるにあたっては、認知的な対応関係が最も感じられる方法を
探ってきた。表層的な例としては、建築要素の個数と音楽モティーフの個数
を対応させることで数の知覚の関係を表現したり、物体の位置の高さと音の
高さ、体積の大きさと音量の大きさを対応付けたりするようなことである。
また深層構造に関係する部分では、建築の階層的なグルーピング構造を楽曲
全体の時間的構造に対応付けることも行っている。

マッピングルールの実装

　前述のマッピングルールをもとに、記述データから楽譜を生成するプログラムを実装した。図5・11はJavaScript言語による実装を一部抜粋、説明のため簡略化したプログラムコードである。

　このコードは柱（pillar）のカテゴリーについての処理部分であり、ここから以下の事柄を読み取ることができる。

```javascript
const getCategoryNotes = (category, cameraAngle) => {
  const pitches = [0, 7, 2, 5, 10, 8, 3, 5];
  const categoryOffsets = {
    pillar:    [0],
    floor:     [0],
    wall:      [1, 2],
    frame:     [3, 4],
    step:      [5],
    partition: [2, 3, 4, 6],
    roof:      [0]
  };

  const offset = (cameraAngle * pitches.length) | 0;
  return (categoryOffsets[category].map(
    i => pitches[(offset + i) % pitches.length] + 60
  ));
};

const pillar = {
  instrument: 45,
  onsetTime: 1,
  processGroup(group, objects, camera) {
    sortObjects(objects);
    let time = 0;
    const notes = [];
```

```
    objects.forEach((object, i) => {
      const { cameraAngle, positionY } =
        getParameters(group, object, camera, i);

      const harmonics = toHarmonics(positionY);
      const duration = 1.0;

      getCategoryNotes('pillar', cameraAngle)
        .forEach(pitch => {
          const note = {
            type: 'note',
            time,
            duration:
              Math.max(duration * 0.125, 0.125),
            velocity: scaleValue(
              group.distance, 0, 1, 127, 0
            ) * 0.6 | 0
          };
          pitch -= 24;
          notes.push({ ...note, pitch });
          pitch += harmonics;
          notes.push({ ...note, pitch });
        });

      time += duration;
    });

    return notes;
  }
};
```

図 5・11　マッピングルールの実装例

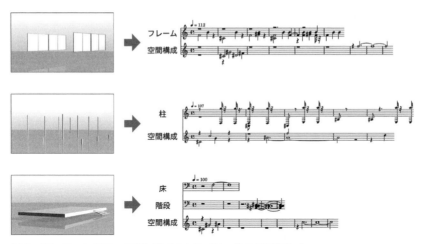

図 5・12　ファンズワース邸に基づくカテゴリー単位の音楽生成

●音の生成処理は、柱や壁などのカテゴリーのグループごとに行う。
　○カテゴリーには、楽器（instrument）や開始時間（onsetTime）など
　　のパラメータを設定している。
　○カテゴリーや視点をもとに、ピッチクラスから選択されたモティーフ
　　（音列）が作られる（getCategoryNotes 関数）。
●グループ内では、要素（objects）ごとに処理を行う。
　○要素はカメラの向き（cameraAngle）や高さ（positionY）の情報を持ち、
　　これらを音に反映させる。
　○モティーフを原型としながら、要素ごとに上記の情報を考慮して音価
　　（duration）や音量（velocity）をカスタマイズして音（note）を生成する。
　これらの処理を各要素について行い、時間軸を進めて構成していく。

転化の出力例

　ファンズワース邸の一部の要素カテゴリー（フレーム、柱、床）を転化ルー
ルに基づいて生成した結果を図5・12 に示す。それぞれカテゴリーに対応

図 5・13　ファンズワース邸に基づく楽曲の例

したモティーフをもとに、要素の属性や視点を考慮して構成している。また
グルーピング構造のミュージフィケーションとして「空間構成」のパートも
同時に生成される。

　これらのカテゴリーごとのパートを組み合わせた結果として、図 5・13
のような楽曲の総譜ができあがる。建築の要素に対応したモティーフがグ
ループ（フレーズ）を形成し、空間構成が時間構成へと置き換えられている
様子を聴き取ることができる。

　このように空間体験について様々な観点からの考察を反映し、シーンごと
に音楽生成が行われる。

4.3. (C) 生成：(A) (B) に基づく作品素材の出力

　「生成」は、これまでのプロセスでデザインした記述や転化のルールに基
づき、鑑賞可能な作品素材を作成する過程である。このプロセスは自動的に

処理が行われ、先の 3.3 で述べた〈AdM Player〉に実装したプログラムが
その役割を担う。

　建築空間はプロセス（A）で記述したデータをもとに、Blender の Python
スクリプティング機能を用いてシーンごとの静止画像をレンダリングする。
スクリプト処理の中で 3D モデリング、マテリアル、ライティング、カメラ
などの生成や設定処理を行う。

　音楽はプロセス（B）の転化ルールをもとに楽譜情報を構築し、再生可能
なスタンダード MIDI ファイルと楽譜画像を生成する。各音符の音色、音高、
音価、強弱等を算出して楽譜情報を構成する。楽譜情報は MIDI ファイルに
書き出し、楽譜作成ソフトウェアの LilyPond により楽譜画像も同時に作成
する。また後述のプロセス（D）の演奏形式にもよるが、MIDI ファイルか
ら音声データを生成することもある。

　これらの建築空間と音楽の処理をシーンごとに行って素材を生成し、複数
のシーンを束ねて作品のシーケンスを構成する。シーケンスの順序はプロセ
ス（A）の記述の際に〈GestaltEditor〉上で設定できる。

4. 4. (D) パフォーマンス：鑑賞体験の実現

　最後の「パフォーマンス」では、生成した空間画像と音楽を鑑賞可能なか
たちで上演を行う。各空間のシーン画像をスライドショー再生するように
シーケンス順に従って提示し、それに合わせて音楽の演奏を行う。

　上演の形式は様々であるが、基本的な構成は以下である。

●映像（スライドショー）
　○プロジェクタ 1：建築空間の静止画像
　○プロジェクタ 2：楽譜画像
●音楽
　○スピーカー（2ch）：音声の再生

　この構成を基準としながら、音楽の演奏方法に関してはこれまで次のよう
なバリエーションを発表の場で実践してきた。

●自動演奏ピアノ（MIDI 信号送出による演奏）

●器楽アンサンブル（アコースティック楽器のみによる生演奏）

●マルチチャンネルスピーカー（各建築カテゴリー＝楽器をスピーカーに
　割り当て）

シーン構成のレパートリー

　シーケンス、すなわちシーンの順番は、体験デザインの重要な要素であり、その構成法には次のような工夫がありえる。例えば、はじめに個別の要素ごとのシーンを提示し、徐々に要素が組み合わされていくようにシーケンスを構成すれば、要素から建物全体の構造が作られていく過程を体験することができる。また、いわゆるウォークスルーのように、完成した空間の中で少しずつ視点を変えながら歩くシーケンスを構成すると、視点による構造認知の変化を音で感じることができる。

　これらの手法によって、シーンを追うごとに音楽を通して対象の気づきを得るような、建築と音楽とが相補的に認知を拡張させる体験を鑑賞者に提供することを期待している。

5.《MbA》におけるコンピューター活用の利点

　本章では《MbA》の作品制作について、プロセスとシステムの両面から述べた。

　顧みると《MbA》における創作システム開発は、常に適材適所を前提としつつ、創作研究のドメインに特化した設計・開発を行うことを原則としてきた。創作システムは研究の方法論やプロセスと密接に関わり合うものである。既存の作曲やグラフィック制作のソフトウェアよりも優位性があると考えられる部分については、独自の開発を行うことで研究を推進することができる。

　本プロジェクトの研究開発を通して、研究の本質的な関心に集中するためには以下のような配慮が求められることが経験則として得られた。

●研究のドメインとする知識表現と機械のパラダイム、プロトコルとを一致させること

○《MbA》では〈GestaltEditor〉で建築の構成の手続きや空間体験の構造をノードベースのエディタで表現できるようにした。

○また建築と音楽の構造について機械表現レベルでのトランスコーディングを行った。

●関心以外の部分を可能な限り自動化すること

○〈AdM Player〉により、建築の記述や音楽の転化ルールから常に一定の結果が出るようにした。それにより、研究の仮説に基づく作業の結果をすぐに確認して次のサイクルに進めることができた。

●コミュニケーションの基盤を整備すること

○オンラインの創作環境を構築することで最新の創作システムを各自の環境で利用でき、研究成果を常に共有しながら議論を進めることができた。

これらのような研究の性格を踏まえた仕組みのデザインを意識したことにより、本質的議論に専念して研究・創作と向き合うことができた。

〔注〕
1　実際の作品例は第6章を参照のこと。
2　インタープレーターを〈GestaltEditor〉からは独立したプログラムとして作成した理由は、この時点で音楽以外の表現への利用も想定していたためである。
3　Blender https://www.blender.org/
4　LilyPond https://lilypond.org/
5　Node.js https://nodejs.org/
6　転化という語を用いる理由は、それが予めルールが決められた単純な変換のような行いではなく、建築と音楽とを対等な関係としてトランスコーディングを適用することを目指す意図があるからである。

〔参考文献〕
1　大村英史、木村亮太、藤井晴行、岡ノ谷一夫、古川聖「音楽生成のための多次元構造表現編集ツール "Gestalt Editor" の開発」『情報処理学会　研究報告　音楽情報科学

（MUS）』、2010-MUS-87（2）、2010 年、pp. 1–5。

2　古川聖、木村亮太、濵野峻行、大村英史、藤井晴行、岡ノ谷一夫「多次元構造を表現する編集ツールの開発とそれを使った作曲に関して」、先端芸術音楽創作学会、2（3）、2010 年、pp. 9–11。

3　濵野峻行、古川聖、藤井晴行「建築空間と音楽に共通の体験構造に基づくクロスモーダル表現の創出」、先端芸術音楽創作学会、12（1）、2020 年、pp. 12–17。

第6章　作品の体験

古川聖／藤井晴行

　ここでは、《MbA》において実際に制作された作品の中から三つの作品を
選んで紹介する。これらは建築構造、建築体験を出発点とした統合感覚的な
作品群である。

　まず一番目の作品《Schröder 邸による音楽》では、その建築物自体の解
説の後、作品制作にあたってのコンセプト、音楽生成のための楽器アンサン
ブルの構成、そして実際に生成された建築空間体験用の CG と楽譜を対にし
て例示し、建築生成と音楽生成の関係を具体的に提示する。さらに実際に作
品の構成に使った全体スコアを示し、最後に作品の意図の説明が行われる。

　その後に続く作品《Farnsworth 邸による音楽》と作品《銘苅家住宅によ
る音楽》においては、その制作上のコンセプトや楽器アンサンブルの構成な
どは《Schröder 邸による音楽》と内容的に共通する部分が多いので、建築
物自体の説明の後、作品制作においてわたしたちがとくに注目した建築物が
持つアスペクト、要件に絞って、それと作品制作上のコンセプトとの関係、
そして楽器法について記述した。

1.《Schröder 邸による音楽》

1. 1. Schröder 邸、その建築と歴史

　Schröder（シュレーダー）邸は Truus Schröder の発注と Gerrit Rietvelt の
設計により 1924 年に建てられ、1985 年まで居住されていた。De Stijl の原
則を建築によって実現した個人住宅である（図 6・1・1、6・1・2）。ユトレ
ヒト（オランダ）の象徴的なランドマークとなっている［注 1］。2000 年に
は「西洋建築史における重要かつ稀有な作品であるとともに、人類が創造し

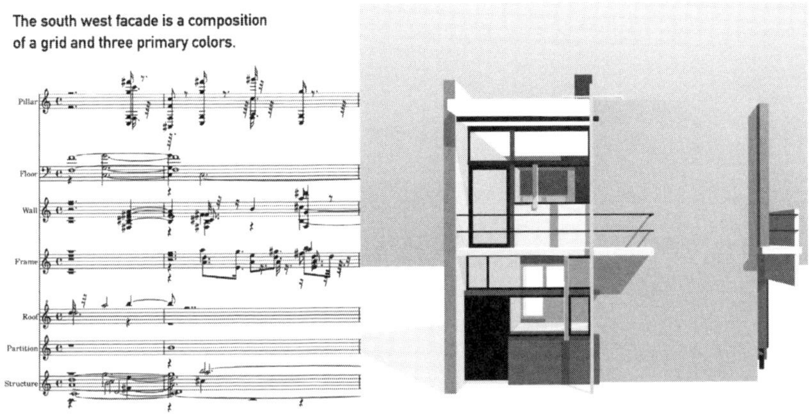

The south west facade is a composition
of a grid and three primary colors.

図6・1・1 《Schröder 邸による音楽》より　シーン 3: 南西の立面は格子と三原色のコ
ンポジションである

図6・1・2　リートフェルトのシュレー
ダー邸（中央博物館コレクション、ユト
レヒト）ステイン・プールストラ撮影
Rietveld Schröderhuis (collectie
Centraal Museum, Utrecht).
Fotografie Stijn Poelstra.

図6・1・3　リートフェルトのシュレー
ダー邸（中央博物館コレクション、ユト
レヒト）ステイン・プールストラ撮影
Rietveld Schröderhuis (collectie
Centraal Museum. Utrecht).
Fotografie Stijn Poelstra.

た傑作のひとつ」として世界遺産に登録されている［注2］［注3］。赤、青、
黄の三原色、白、グレー、黒の直線や長方形の建築要素を垂直に三次元的に
組み合わせ、建物の外観と内観や家具を構成している。
映像へのリンク：QR コードより Ⓜ 6 - 1《Schröder 邸による音楽》

1. 2. 作品表現のコンセプト

　《Schröder 邸による音楽》の制作の意図や、それらの出発点にある着想や
動機についていくつかのキーワードにそって説明する。

多様性と統一

　「凍れる音楽」と建築が比喩されるように、建築物は美的意匠を持つ力学的構造体で、それ自身は時間軸の中で変化することはなく、一つの統一されたモノとして静止している。わたしたちは《Schröder 邸による音楽》において、音楽という時間軸の中に音を使い展開される建築とは異なったモダリティーを持つ表現形式と建築体験を組み合わせることで、この静止した構造体、Schröder 邸からできるだけ多様な体験、面白さを取り出すことを試みた。この作品表現の作品体験の基層には「多様性と統一」のような美学があるが、この美学自体は建築や音楽に限らず、どのようなアートの分野にも見られる構成原理の一つで、ある種の調和、自由さの表現であるといえる。

　このような美意識は西洋音楽でいえば、バロック期以降、とくに J.S. バッハの多声音楽の模倣様式に顕著に見られる。J.S. バッハの多声音楽、フーガ形式においては、その冒頭の数小節の主題が内包する展開可能性がその作品の胚として構造全体と対置される。ここで主題という原型構造は、コピー（模倣）され、音程や時間軸が反対向き（逆行、反行）にされたり、下に上に移動され（主題の移調）、長さを変えられ（主題の拡大、縮小）、多様に変形され、そこに同一性（一つの原型に由来）と多様性（様々な原型からの変形）の間に大きな緊張、ダイナミズムが生み出される。わたしたちがこの《Schröder 邸による音楽》で指向したものは、このような J.S. バッハの方法、意識に近く、作品の内容は Schröder 邸というすでに存在する不変の構造物を、様々な方法でそこから生み出された音楽とともに認知、体験するというものである。

部分の全体

　建築物が重力とマテリアルという現実の物理世界の制限に従っているのと同様に、調性音楽において、その調性プランには似たような制限がある。調性音楽では原調 ＞＞ X 調＞＞ Y 調＞＞…＞ 原調のようにある調で始まった曲は途中で転調しても、最後にはまた原調にもどり終結する。J.S. バッハのフーガもこの原理に従い、どの曲もおおまかには最初に提示した主題を原

調＞＞Ｘ調＞＞Ｙ調＞＞…＞原調にそって変形しながら各所に配置するような構成で、多くの曲はほぼ同じような形式を持っている。重力に従う建築的構造と同様に構造や形式という意味では、たくさん書かれたフーガはどれも同じ曲であるといえるが、実際はどの曲も明確な個性、個別性を持った作品となっている。この作品の個別性は、各々の作品の持つ数小節の主題に内包されるモティーフ（部分）の差異に起因するそれぞれの展開可能性から必然的に生じたものである。

　わたしたちが《Schröder 邸による音楽》や《Farnsworth 邸による音楽》や《銘苅家住宅による音楽》において行ったことも、このバッハのフーガの発想に近い。三つの作品は同じような構成と形式を持っているにしても、その形式が重要なのではなく、各々の建築のもつ異なった構造、マテリアル、美意識から作品が展開され、必然的に各々の個別性が形成されていく。このようなプロセス、生成過程が重要だと考えている。

視覚的認知と聴覚的認知の共鳴

　第 4 章でも書いたようにわたしたちは建築体験、つまり視覚的空間的身体的認知と音楽体験という聴覚的認知を組み合わせ、これらの間に共鳴を起こし、音楽でも建築でもない新しいモダリティー、アートのかたち、体験を可能とする、新しい領域の開拓を夢見つつ作業を続けてきた。そこではおそらく組み合わされる建築物の個別性、音楽の個別性、体験者の個別性が交差し、一件ごとに違うタイプの共鳴が起こることを想定しうる。《Schröder 邸による音楽》の場合、以下の "de stijl" が重要な建築的体験要素となる。

P. モンドリアン、"de stijl"

　P. モンドリアンが提唱した新造形主義（ネオ・プラスティシズム）が建築物として具現化された Schoröder 邸は、水平線、垂直線、直角、正方形、長方形、三原色、非装飾性、単純性などの構成要素、構成原理を持っている。"de Stijl" の白い壁がつくる空間構成にカラフルな建築エレメントが嵌め込まれ、その明

快な対比を表現するために、音のモティーフは協和音程、単音、規則的繰り返し、単純比関係のリズムなどを基本要素として用いた。そしてそれらが組み合わされ、より具体的な建築的、音楽的なまとまりを持ったテーマが形成された。

全体構成とその意図

　全体は八個のセクションに分かれ、そのセクションを区切るものとして、その切れ目に数秒の休符、つまり何も起きていない空白時間、大きな休符がおかれた。そして作品では以下のように Schoröder 邸 全体を様々な角度、距離から俯瞰する部分と、個別のユニットやエレメントが変化、展開されるセクションが交互に現れ、全体と部分の関係が対比的に体験される。

建物全体 / 部分展開 1/ 建物全体 / 部分展開 2 / 部分展開 3 / 建物全体 / 部分展開 4 / 建物全体

　部分の展開では時に建築エレメントは個別に提示され、音のモティーフと建築エレメントが一対一でしっかりと結びつけられる。また、少し複雑な建築の小ユニットも、対応する音モティーフ群を組み合わせ、その関係性をわかりやすく提示した。Schoröder 邸の場合、建築物を支える柱は隠されているので、全体の空間の構成はクラリネットによって提示される。また、建物の全体構造とそれを構成する建築エレメントの関係性がわかるように、エレメントを一個ずつ順次加え、だんだん建物が組み立てられていくようなプロセスも入れ、個別エレメントと全体とのつながり、関係性を表現した。

1. 3. 楽器構成

　《Schröder 邸による音楽》の場合、音楽の部分はデジタル化されたサンプル音源による仮想アンサンブル、extEnsemble（第 1 章参照）と、実際に音楽家が演奏する実演版の二種類がある（図 6・1・5）。仮想アンサンブル版では実際の楽器をシミュレートしたサンプル音源を使いつつも、本来の楽器

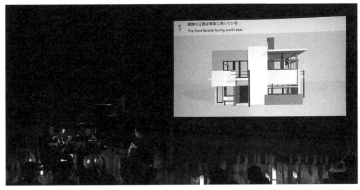

図6・1・5　コンサートでのクラリネット、バイオリン、チェロ、ピアノによる実演版の演奏風景　東京オペラシティリサイタルホール　2022年11月

が持っている様々な演奏上の制限をこえて、楽器の拡張が行われ、独自の音世界が実現されている。演奏家による実演版では音楽家による解釈や個性的な表現、生楽器の情報量の多い豊かな音色が、仮想アンサンブル版の精緻かつ音密度の高い音響とは違った味わいをだしている。

1.4. 実施例

　以下は建築 CG と音楽（楽譜）の第 4 章で説明した原初的／基礎的レベルでの対応関係を示したものである。

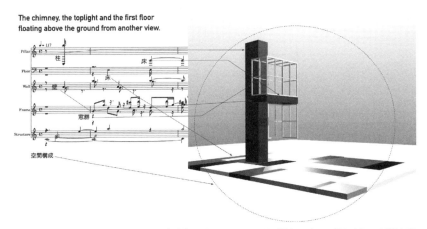

図6・1・6　《Schröder 邸による音楽》より　シーン 43　煙突、トップライト、1 階の床が地面から浮いている様子を別の角度から見る

煙突は柱（Pilllar）によって表現され、二音からなる和音の上の音は煙突の高さを反映している。二組の平行する壁(Wall)が見える。二組の窓(Frame)の複合体が見える。床（Floor）として一階の大きな床と二階の小さな床が見える。これらのオブジェクトの入った空間は、空間構成（Structure）としてクラリネットが割り当てられた。そして上記の空間中のオブジェクトの体験者の視点からの位置関係がモティーフの尺や時間的接続、音程関係などの組み合わせに反映される。

1.5. 全体の構成

　以下は作品全体の流れを建築体験的にも音楽的にも考慮しながら構成した制作に用いたスコアである。実際の演奏時には、それぞれの建築のシーンを説明するテクストも同時に提示され、体験者の視点、意図が聴取者に示される。前述のように、全体は八つのセクションに分かれ、全体で 52 のシーンからなる。
　順番／シーン名／体験者の認知　のように並べた。

Ⅰ　全体を異なった角度から俯瞰（シーン 1, 2, 3）

1　AdM_SCH_M_9-Architecture-000［長さを 15 秒くらいに短縮］
　　　The front facade facing south east. 建物の正面は東南に向いている
2　AdM_SCH_M_9-Architecture-060［長さを 5 秒くらいに短縮］
　　　A perspective view from the east.　東側からの外観
3　AdM_SCH_M_8-Architecture-270［長さを 5 秒くらいに短縮］
　　　The south west facade is a composition of a grid and three primary colors. 南西の立面は格子と三原色のコンポジションである

＝＝＝＝黒い仕切り＝＝＝ 4.5 秒　休符

Ⅱ　抽象的な図形が生まれ、分割され、具体的な建築となっていく（シーン 4~13）

4　AdM_SCH_O_01-DeStije-000-ortho

A rectangle is dissected into ひとつの直方体が…

5　AdM_SCH_O_01-DeStije-002-ortho
　　… two rectangles. ふたつの直方体に分割される

6　AdM_SCH_O_01-DeStije-005-ortho
　　The red rectangle is dissected into two parts
　　赤い直方体はふたつの部分に分割される…

7　AdM_SCH_O_01-DeStije-010-ortho
　　… the balcony.　バルコニー

8　AdM_SCH_O_01-DeStije-020-ortho
　　Each of the parts is dissected horizontally 各部分は水平に…

9　AdM_SCH_O_01-DeStije-030-ortho
　　… and then vertically　垂直に分割され…

10　AdM_SCH_O_01-DeStije-040-ortho
　　… to acquire openings.　開口部がつくられる

11　AdM_SCH_O_01-DeStije-050-ortho
　　The openings are becoming concrete　開口部が具現化され…

12　AdM_SCH_O_01-DeStije-060-ortho
　　… as acquiring building elements. 建築要素がつくられる

13　AdM_SCH_O_01-DeStije-070-ortho
　　The south west elevetion associated with Mondrian's composition.
　　南西の立面はモンドリアンのコンポジションを想起させる

＝＝＝＝黒い仕切り＝＝＝ 4.5 秒　休符

III　全体を再び、セクション I とは異なった角度から俯瞰（シーン 14, 15, 16）
14　AdM_SCH_M_9-Architecture-090［長さを 7 秒くらいに短縮］
　　The north east facade.　北東の立面
15　AdM_SCH_M_9-Architecture-060［長さを 7 秒くらいに短縮］

The view point moves to 30 degrees south.　視点を南に 30 度動かす

16　AdM_SCH_M_9-Architecture-030 ［長さを 7 秒くらいに短縮］

The view point moves to 30 degrees more south.

視点を南にさらに 30 度動かす

＝＝＝＝黒い仕切り＝＝＝ 4.5 秒　休符

IV　壁に様々な要素が加わり建築物となっていく（シーン 17~28）

17　AdM-0000-10-Front-00

The back wall. 黒い壁

18　AdM-0000-10-Front-10

The front tall wall pillar. 正面の高い壁柱

19　AdM-0000-10-Front-20

A wall appears.　壁が出現する

20　AdM-0000-10-Front-30

Another wall, an eave, and a red pillar. もうひとつの壁、庇、赤い柱

21　AdM-0000-10-Front-40

A wall and an eave.　壁と庇

22　AdM-0000-10-Front-45

Another wall, an eave, and a red pillar are added.

もうひとつの壁、庇、赤い柱が加えられる

23　AdM-0000-10-Front-50

The front balcony appears. 正面のバルコニーが出現する

24　AdM-0000-10-Front-60

A group of windows. 窓のグループ

25　AdM-0000-10-Front-70

The entrance and more. 玄関など

26　AdM-0000-10-Front-90

The kitchen windows. 台所の窓

27　AdM-0000-10-Front-97

　　The toplight, the chimney, and the first floor.

　　トップライト、煙突、一階の床

28　AdM-0000-10-Front-99

　　Confluence of all of the elements of the front facade.

　　これまでに出現した建築要素を合わせる

＝＝＝＝黒い仕切り＝＝＝ 4.5 秒　休符

V　窓の展開（シーン 29~35）

29　AdM_SCH_S_9_WindowSEGF-Center　　［長さを 13 秒くらいに短縮］

　　Close up of kitchen windows.　台所の窓のクローズアップ

30　AdM_SCH_S_9_WindowSEGF-Left　　［長さを 13 秒くらいに短縮］

　　The kitchen windows from the left.　台所の窓を左側から見る

31　AdM_SCH_S_9_WindowSEGF-Right　　［長さを 13 秒くらいに短縮］

　　The kitchen windows from the right.　台所の窓を右側から見る

32　AdM-SCH-Ow-40-5-Window-NEL-Closed［長さを 13 秒くらいに短縮］

　　A group of the living room windows.　ひとまとまりの居間の窓

33　X-check-40-0-WindowSEGF-2　［長さを 13 秒くらいに短縮］

　　Close up of kitchen windows.　台所の窓のクローズアップ

34　X-check-40-1-WindowSE1F　［長さを 13 秒くらいに短縮］

　　Living room windows.　居間の窓

35　AdM_SCH_O_99_400-EastWall-Window　［長さを 13 秒くらいに短縮］

　　The other living room windows.　リビングルームの別の窓

＝＝＝＝黒い仕切り＝＝＝ 4.5 秒

VI 全体を北東、東から俯瞰（シーン 36, 37）

36　AdM_SCH_O_0F_EAST［長さを 5 秒くらいに短縮］

　　　View from the north east.　北東の立面

37　AdM_SCH_O_0F_ESE［長さを 8 秒くらいに短縮］

　　　View from the east.　東の立面

＝＝＝＝黒い仕切り＝＝＝ 5 秒　休符

VII 煙突、トップライトの展開、室内からの俯瞰（シーン 38~49）

38　X-check-AdM_SCH_00_test01_10

　　　The chimney - perspective.　煙突（透視図）

39　X-check-AdM_SCH_00_test01_17

　　　The chimney floating above the ground.
　　　煙突が地面から浮いている

40　X-check-AdM_SCH_00_test01_20

　　　The toplight - perspective.　トップライト（透視図）

41　X-check-AdM_SCH_00_test01_27

　　　The toplight floating above the ground.
　　　トップライトが地面から浮いている

42　X-check-AdM_SCH_00_test01_30

　　　The chimney, the toplight and the first floor.
　　　煙突、トップライト、1 階の床

43　AdM_SCH_S_test01_38

　　　The chimney, the toplight and the first floor floating above the ground
　　　from another view.
　　　煙突、トップライト、1 階の床が地面から浮いている様子を別の角度
　　　から見る

44　AdM_SCH_00_test01_51

The chimney, the toplight and the first floor floating above the ground from another view.

煙突、トップライト、1 階の床が地面から浮いている様子をまた別の角度から見る

45　AdM_SCH_O_7-Exterior-S

A perspective view from the south. 南側からの透視図

46　AdM_SCH_O_7-Interior-S-1［長さを 15 秒くらいに短縮］

The living room beyond the toplight.

リビングルームがトップライトの向こう側にある

47　AdM_SCH_O_7-Interior-S-2［長さを 20 秒くらいに短縮］

The living room from another view point.

居間を別の角度から見る

48　AdM_SCH_O_7-Interior-S-3

The living room from a short distance back.

少し後ろに下がって居間を見る

49　　AdM_SCH_O_7-Toplight

The toplight from the bottom.　トップライトを下から見上げる

＝＝＝＝黒い仕切り＝＝＝ 5 秒　休符

Ⅷ　再現、最初の全体俯瞰にもどり、体験を閉じる（シーン 50, 51, 52）

50　AdM_SCH_M_9-Architecture-090［長さを 9 秒くらいに短縮］

The facade facing north east.　南からの外観

51　AdM_SCH_M_9-Architecture-060［長さを 9 秒くらいに短縮］

A perspective view from the east.　北東の立面

52　AdM_SCH_M_9-Architecture-000 長さ制限なし

The front facade facing south east - reprise.

東南に面した正面を再び見る

1.6. 作品体験

映像へのリンク：QR コードより Ⓜ 6 - 1《Schröder 邸による音楽》

　《MbA》には、かくかくしかじかのように鑑賞すべきであるという決まりはない。一つだけあるとすれば、音楽の演奏を耳で聴くことと提示される楽譜と建築を眼で見ることを同時に経験するということである。建物のある情景とそれが提示される間に演奏される音楽が対になっている。建物を構成する個々の要素、壁や窓なども眼に入るが建物全体も見ている。音楽を構成する複数の楽器が奏でる音が個々に耳に入るが、音楽の全体も感じている。前記の全体の構成を示すスコアに解説を加える。

セクション I

　建物の代表的な外観の三つの視点が提示される（シーン 1 ～ 3）。情景と対の演奏が終わり、情景が切り替わるまで、建物の外観を見ながら音楽を聴く、あるいは、音楽を聴きながら建物正面の全体を見る。情景 1 で聴く音楽の記憶が情景 2 で音楽を聴く経験に重なり、これらの記憶が情景 3 で音楽を聴く経験に重なる。これら一連の経験が作品に通底するテーマを意識させる。

　建築と音楽の間にゲシュタルト心理学でいう図と地の関係が、あるようにも感じられるし、ないようにも感じられる。音楽の〈表現構造〉と建築の〈表現構造〉を直接に対応づける作品ではないと知っていても、つい、両者の対応づけを意識してしまう。Schröder 邸は垂直線、水平線、長方形で構成されていると頭でわかっている。CG の像は透視図であるので、網膜に映っている像は必ずしも垂直線、水平線、長方形で構成されるものではないにもかかわらず。青、赤、黄、黒、灰、白の色についても、同様に、音楽との結びつきを意識してしまう。音楽の生成に色の情報は用いられていないはずなのだが。

セクション II

　建物の南西立面が抽象的なかたちから具体的なかたちになっていくシーケンス（シーン 4 ～ 13）である。抽象的な図形から具体的な建物の立面の〈表

現構造〉を生成する〈構成原理〉を表現している。シーケンスの始まりでは建築と音楽は対等な関係にある。建築立面の情報が増えていくにつれて音楽の情報が増えていくのを体感する。並行して、建築と音楽のどちらが図でありどちらが地であるかという関係が流動的になっていく。

セクション III

建物の代表的な外観がセクション I とは異なる視点から提示される（シーン 14 〜 16）。セクション I で意識したテーマが再現される。

セクション IV

北西の壁を背にしてファサード（南東立面）の建築要素が現れたり消えたりしながらファサードの全体像が見えてくるシーケンス（シーン 17 〜 28）である。〈表現構造〉の〈構成原理〉をセクション II とは異なる観点から表現している。建物の外観は壁や窓などの建築要素の集合であるが、建築要素の単純な和ではない。建築要素たちの関係性が外観全体を見るという〈経験〉をつくっている。建築要素の一つ一つが近位項としてはたらき、建物の立面という遠位項をつくっているのである。音楽の〈経験〉にも同様の機序がある。個々の音が近位項としてはたらき、音楽全体という遠位項をつくっている。ここでは、音楽と建物が図になることを争わずに共棲している。

セクション V

窓という小さな建築部位に注目する。《MbA》では窓は窓枠とガラスによって構成されている。窓と窓枠の様々な情景が 2 音からなるモティーフの音楽と対になっているのを感じる。

セクション VI

建物の代表的な外観がセクション I、セクション III とは異なる視点から提示される（シーン 36, 37）。セクション I で意識したテーマが再現される。

セクション VII

　煙突（柱の集合）とトップライト（窓の集合）と 3 色の床によるコンポジションのシーケンス（シーン 38 〜 44）からリビングルームの内観のシーケンス（シーン 45 〜 49）に移行する。前半（シーン 38 〜 44）はセクション V で現れた窓が複雑な構成（三声〜五声）で展開される。後半（シーン 45 〜 49）は建物の内部空間の〈経験〉を意識している。セクション I、III、VI で外側から提示した〈表現構造〉を居住者の視点から提示している。〈表現構造〉の外観から意識されたテーマを内側から〈経験〉する。

セクション VIII

　セクション I、セクション III と同じ情景を含む建築と音楽のシーケンスにより全体を振り返って締めくくる。

2.《Farnsworth 邸による音楽》

図 6・2・1 《Farnsworth 邸による音楽》より　西南からの全体像

2.1. ファンズワース邸、その建築と歴史

　The Farnsworth House（通称 The Edith Farnsworth House）は Mies van der Rohe によって 1945 年から 1951 年にかけて設計され、1951 年に完成し

図 6・2・2　©Toshihiro Osaragi　　　図 6・2・3　©Toshihiro Osaragi

た、シカゴ（アメリカ合衆国）の南西約 60 マイルにあるフォックス川のほとりの敷地に建つ週末住宅である。Mies van der Rohe の「Less is More」という設計思想を反映し、必要最小限の建築要素によって居住空間を構成している。外壁はなく、垂直の外皮はガラスの窓と出入り口があるだけである。ワンルームの形式であり、それぞれの生活行為を営む場はバスルームやキッチンなどの水回りをまとめたコアによって分節されている［注 4］。

映像へのリンク：QR コードより Ⓜ 6 − 2《Farnsworth 邸による音楽》

2. 2. コンセプト

　ここでも《Schröder 邸による音楽》と同様のコンセプト（多様性と統一、視覚的認知と聴覚的認知の共鳴、部分と全体など）が、ほぼ踏襲されるが前記、「Less is More」の設計思想を反映し、Farnsworth 邸には構成要素が少なく非常に明快な構造を持つので、建築エレメントの構成と音楽の関係がよりはっきりと認知され、体験者には建築が持つリズムが強く感じられる。

2. 3. 楽器構成

　《Farnsworth 邸による音楽》では《Schröder 邸による音楽》と同様の仮想アンサンブル版のほか、コンピューター制御によるピアノを使った、自動演奏ピアノ版がある。自動演奏ピアノ版は、精緻なリズムのコントロールと生楽器の音色の豊かさを持つ魅力的な編成となっている。

図6・2・4 《Farnsworth邸による音楽》より　自動演奏ピアノ版によるコンサート
2016年 東京藝術大学大学美術館　陳列館

2.4. 実施例

　以下は建築CGと音楽（楽譜）の第4章で説明した原初的／基礎的レベル
での対応関係を示したものである。

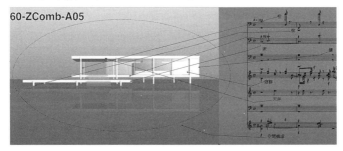

図6・2・5 《Farnsworth邸による音楽》より遠景

　後ろ側の建物に四本の柱（Pillar）がまず見える。和音の上の音は柱の高
さを示す。

　二つの床（Floor）が見える。いくつかの壁（Wall）と天井（Roof）が見

える。

　二種類の窓（Frame）の並びが見える。これらのオブジェクトの入った空間は空間構成（Structure）としてクラリネット音が割り当てられる。そして上記の空間中のオブジェクトの体験者の視点からの位置関係が、モティーフの尺や時間的接続、音程関係などの組み合わせに反映される。

2. 5. 作品体験

映像へのリンク：QRコードより Ⓜ 6 － 2《Farnsworth 邸による音楽》

　Farnsworth 邸は最少の建築要素（柱、床、屋根、壁、窓など）を用いて生活するための空間を創出している。この作品では Farnsworth 邸の建築要素が次第に加えられていくことによって空間が分節化されていく過程を体験することを目論見の一つとしている。

　この作品は前半と後半の大きな二つの部分からなる。前半と後半は全く同じ空間分節化の過程を表現している。後半では、建築要素に加えて、建築要素の組み合わせによって創出される「空間」というオブジェクトを明示的に扱っているということのみが、前半と後半の異なる点である。

　一本の柱を立てると、柱が中心になり、柱の周辺という空間ができる。柱を一列に並べると、列柱が面を顕現させ、その面が境界となり、境界によって空間が半無限の二つの空間に分節化される。列柱を平行して並べると、列柱が顕現させる面に囲われる空間が生まれる。床も床の上と床の下という空間を創出する。屋根も同様である。壁や窓はそれ自体が面であり、境界の存在を明らかにする。大きな空間の中にある壁に囲われた小さな空間は大きな空間をいくつかの空間に分節化する。

　作品の後半はどのような空間がどのように創出されて分節化されていくのかが視覚的・聴覚的に知覚できるようにしてある。

　建築要素による空間の分節化には多義性がある。後半で明示する空間は一つの解釈である。前半ではこのような解釈を加えていない。多義的な空間分節を視覚的・聴覚的に感じることができるだろうか。

3.《銘苅家住宅による音楽》

図6・3・1 《銘苅家住宅による音楽》より　正面からの主屋を臨む CG モデル

3.1. 銘苅家住宅、その建築と歴史

　銘苅家住宅は、沖縄県島尻郡伊是名村字伊是名に明治38年から明治39年にかけて建築された、琉球の王朝時代の形式を備えた民家であり、昭和52年6月27日に国の重要文化財に指定されている［注5］。敷地の周囲には石垣が築かれ、石垣の内側にはフクギの屋敷林が植えられている。門は敷地南側の道路に開いており、門の内側奥には繽紛と呼ばれる塀が建てられている。建物は木造であり、主に槇が用いられている。屋根は赤瓦で葺かれ、瓦の目地は漆喰で固められている。主屋は南側を表として東西に伸びる。南側の座敷は表座であり、東から西へ一番座、二番座、三番座と連続する。主屋の西側には炊事屋が接続する。

3.2. コンセプト

　ここでも全体としては《Schröder 邸による音楽》と同様の考え方が使わ

図6・3・2a　南側に開く門から繽紛越しに主屋を臨む　©H.Fujii

図6・3・2b　西側より主屋（左）とアサギ（中央）©H.Fujii

図6・3・2c　南西より炊事屋（左）と主屋（右）©H.Fujii

図6・3・2d　二番座より前庭を臨む（繽紛が見える）©H.Fujii

れるが銘苅家住宅は琉球の王朝時代の形式を持った、現代のわたしたちの家や西洋の建築とは異なる考え方に基づいた建築物であり、その興味深い文化の特殊性に留意し作品を構成した。

3.3. 楽器構成

　《Farnsworth邸による音楽》と同様の仮想アンサンブル版とコンピューター制御によるピアノを使った、自動演奏ピアノ版がある。自動演奏ピアノ版はコンピューターによる精緻なリズムのコントロールと生楽器の音色の豊かさを持つ編成である。《銘苅家住宅による音楽》においては楽譜と建築CGを別画面でプロジェクションしながらパフォーマンスを行った（図6・3・3）。

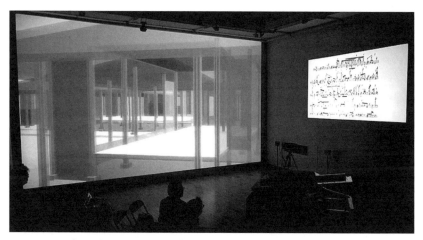

図6・3・3 《銘苅家住宅による音楽》より　自動ピアノ版によるコンサート　2016年
東京藝術大学大学美術館　陳列館

3.4.作品体験

映像へのリンク：QRコードより◎6－3《銘苅家住宅による音楽》

　琉球民家には、先祖を祀る仏壇「トートーメー」が必須であり、主屋の中央に表に向けて配置される。家屋の表の方位は南であるのが一般的である。主屋の生活空間は、仏壇を挟んで表の空間である「表座」と裏の空間である「裏座」からなる。表座は東西に直列する二ないし三の座敷からなる。東から、一番座、二番座、三番座と呼ばれる。裏座も東西に直列し、東から、一番裏座、二番裏座、三番裏座と呼ばれる。主屋の西側には炊事屋が隣接または近接する。最も東にある一番座は主屋の最上位の空間であり、畏まった客間として使われる。二番座は居間、主要な寝間、仏間として使われる。気のおけない知人や友人は二番座に通される。三番座は居間や炊事屋との接続空間として使われる。

　《銘苅家住宅による音楽》は《MbA》の初期に制作された作品である。建築要素からなる実体的な構成（表層構造）に琉球民家の空間の意味（深層構

造）を結びつける方法（意味論）を模索している。音楽と建築の実体的な構成との結びつきを体験するのではなく、音楽と空間の意味と結びつきを体験することを目論んでいる。仏壇を中心にして仏壇を取り巻くように配置される空間が仏壇と多数の柱と床と屋根によって具現化されている。

〔注〕

1　https://www.rietveldschroderhuis.nl/en/rietveld-schroder-house/
2　https://whc.unesco.org/en/list/965/
3　VK Projects 2009. Rietvelt-Schröder House, VK Projects.（（イダ・ファン・ザイル、ベルタス・ムルダー編著、田井幹夫訳）『リートフェルト・シュレーダー邸 – 夫人が語るユトレヒトの小住宅』彰国社、2010 年）。
4　https://edithfarnsworthhouse.org/
5　銘苅家住宅修理委員会「重要文化財銘苅家住宅修理工事報告書」、沖縄県、1979 年。

音楽の圏論的な拡張
──《AdM》における建築の媒介が音楽にもたらすもの──

田中翼

　音楽と建築の関係性を考える時、建物が音の響きに与える影響や、演奏者や観客の空間中での配置関係を考えるのがまずは自然だろう。これらの場合には音楽に付随する空間性が問題となる。しかし、「建築が夢見る音楽」プロジェクト《AdM》では、音楽と建築の構造や認知の上での関係性が問題とされる点が独特である。一見迂遠にもみえるこのテーマ設定の意義をどのように捉えれば良いだろうか？　一つの見方として、私はここに圏論的な物事の捉え方が深く関連しているのではないかと考える。

　数学における圏論は、様々な異なる領域における対象間の関係を、オブジェクトとオブジェクトの間の矢印（射）によって統一的に捉える視点を提供する。たとえば、自然数の圏における最小公倍数 LCM(A, B) と最大公約数 GCD(A, B) の対概念は、集合の圏における合併集合 A∪B と共通部分 A∩B の対概念に似ている。前者においてはオブジェクト A が B の約数であることを、後者ではオブジェクト A が B に含まれることを、それぞれ A→B という射で表すことができ、そこから数と集合という異なる領域における両対概念が「積」と「余積」という普遍的な対概念として統一的に構成・把握される。このように圏論は異なる領域に共通な本質構造を記述するのに役立つ。

　数学的音楽学の泰斗 Guerino Mazzola によれば、圏論の重要な定理である

「米田の補題」が示す哲学的な原理は「（音楽的な）対象 X を完全に『知る』ことは、X の『点のなす空間』@ X、すなわち全ての可能なアドレスから生じるパースペクティブの全体、を知ることを意味する。」［筆者訳］、というものである（Guerino, 2007）。対象の直接把握ではなく、対象へのパースペクティブ（射）の全体を重視するこの考え方は、建築という、対象を知るために一つのパースペクティブからでは把握が困難なものの体験に相性が良いと考えられる。また、この考え方は、オブジェクトの完全な 3D 情報を複数の視点からのオブジェクトの見え方（画像情報）から再構成する AI である NeRF（Neural Radiance Fields）（Ben, et. al., 2022）などにも通じるところがある。

　では、《AdM》において、建築物への様々な視点からのパースペクティブ（射）から音楽へのマッピングを作り、建築を迂回して音楽を聴くことは何を意味するのか？ それは、建築物を様々なパースペクティブから鑑賞する体験を、音楽の聴取へと構造を保ちながら写す「関手」を作ることにより、音楽を通常では不可能な無数の観点から聴けるようにすることではないか。言い換えれば、音楽を固定的な客観的対象としてみる通常の見方から解放し、視点が変わると見え方が変わってしまうような鑑賞の「主観性」を含む射としての見方によって、音楽をより高次の何かへと拡張することだと考えられるのではないか。

　古川聖は『数による音楽』において、バッハの《ゴルトベルク変奏曲》を様々なアルゴリズムによるフィルタを通して聴いたり時間を反転させて聴く作品《変奏曲の変奏曲》を発表している。そもそも変奏曲の形式自体、主題を様々な「別の側面」から聴く形式と捉えられるため、《変奏曲の変奏曲》は二重の意味でパースペクティブを変えて同じ対象（音楽的主題）を聴く作品であった。対象はレディメイドな過去の名作でありながら、異なる聴き方の体系的発明によりメタレベルの「作曲」が行われていたのだと考えれば、

そこではすでに、《AdM》プロジェクトにつながる「射としての聴取」の萌芽的なあり方を見出すことができるだろう。

〔参考文献〕

1 Guerino Mazzola (en collaoration avec Yun-Kang Ahn),《La VÉRITÉ DU BEAU DANS LA MUSIQUE》, p.27, DELATOUR FRANCE/Ircam-Centre Pomoudou, 2007.
2 Ben Mildenhall, et al. "NeRF: Representing Scenes as Neural Radiance Fields for View Synthesis," Communications of the ACM, 2022, 65 (1), pp.99-106.

考察とひろがり

第7章　建築音楽論

藤井晴行／古川聖

1.《AdM》(建築が夢見る音楽)の構造

1. 1. 建築の経験と音楽の経験の共創

　建築や音楽の美的秩序の経験には、それぞれの表現構造（具体的な形相と質料）に依存しない、共通する基底となる概念的な構造が関わっていると仮定する。この仮定に基づき、建築と音楽に共通して表現したい内包的意味の深層構造から建築と音楽のそれぞれの中間的な概念構造を生成し、それらを建築と音楽それぞれの表現構造に変形し、異なる表現構造を持つ建築の経験と音楽の経験とを同期して共創するプロジェクト《AdM》を進めてきている。プロジェクト《AdM》は、建築の実体的な表現構造や概念的な構成と音楽の実体的な表現構造や概念的な構成とを関係づけて建築と音楽の関係性を顕在化する探究である。建築と音楽は恣意的に関係づけることが可能であるため、両者の関係づけ方を考案することがプロジェクトの核となる。

1. 2. 記号表現

　建築や音楽は、人間がつくることによって存在する人工のものごとである。建築の過程は、設計、築造、居住などからなる。音楽の過程は作曲、演奏、鑑賞などからなる。

　建築の設計においては建物を具現する設計図が作成される。建築設計図は主に建物の構造（形相、質料、空間構成）や築造の方法を記号化して表現し、建築設計図を読む者は記号表現を復号化し、当該建物の構造や築造方法を理解することに加え、建物の住まわれ方や住まい方を想像する。建築設計図に

基づいて建物が築造され、実体化される。作曲においては楽曲を具現する楽譜が作成される。楽譜は主に記譜されている楽曲の構造や演奏方法を記号化して表現する。楽譜を読む者は楽曲の構造や演奏方法を理解することに加え、演奏された楽曲の鑑賞のされ方を想像する。建築設計図と建物の構造や築造方法との関係および、楽譜と楽曲の構造や演奏方法との関係を、言語における表現と意味との関係に対応づける。意味には、具体的な対象である外延としての意味、ある概念が共通して持つ性質である内包としての意味がある。言語は人間が音声や文字などを用い、知覚しているものごと、思想、感情、意志などの内容を表現して伝達する記号体系である。この記号体系は、発信者が表現して伝達する内容を、受信者が受容して理解することを可能にする約束や規則を持っている。ある特定の語がいかなるものごとを指し示すかという約束、ある特定の形式の表現がそれを受け取る者にいかように作用するかという約束、正しい文がどのような語順のものであるかという規則である。

　建築設計図は建物の構造や性質、築造方法を表現して伝達するものであり、表記の約束や規則を持つ。特定の記号は特定の建築要素を指し示す。規則に従う記号の配置によって建物の構造や築造方法が表現され、伝達される。楽譜は楽曲の構造や性質、演奏方法を表現して伝達する。一般的な、五線譜の特定の音符や休符は特定の音価を指し示す。五線上の位置によって音高や発音の順序が指定される。

　建築設計図は、それに基づいて築造されることにより実体化された建物となる。楽譜は、それに基づいて演奏されることにより実体化された楽曲となる。建築における建築設計図と実体化された建物との関係、音楽における楽譜と演奏されている楽曲との関係は、言語におけるスクリプト（台本）とスクリプトに基づいて発話される音声との関係にも対応づけられる。スクリプトに基づいて発信される言葉が受信者に何らかの作用をするように、建物や楽曲もそれらを経験する者に何らかの作用をする。例えば、建物の居住者は建物がつくる空間（建築空間）に心地よさを感じるかもしれない。そのような建築空間をつくる建物が、居住者が心地よいと感じるように設計されてい

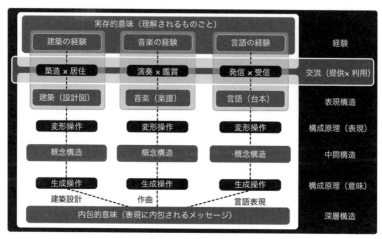

図7・1 言語としての建築と音楽の関係性

るとしたら、そこには設計者と居住者の間の意志の伝達があると解釈可能である。この例の建物を楽曲に置き換えても同じことが言える。

　これらのものごとを図7・1のように描画する。

　つくられるものごとの経験は実体化して提供されるものごとを利用するという交流（interaction）である。建築の経験は築造された建物に居住するという交流であり、音楽の経験は演奏された楽曲を鑑賞するという交流である。建物の築造は、一般に、建築設計図に基づいて行われ、楽曲の演奏は、一般に、楽譜に基づいて行われる。建築設計図に記される建築の表現構造は、建物の概念的な構造に建築表現の構成原理に基づいて形相と質料を与える変形操作を施すことによって具象化される。楽譜に記される音楽の表現構造は、楽曲の概念的な構造に音楽表現の構成原理に基づいて、形相と質料を与える変形操作を施すことによって具象化される。建築や音楽は提供者と利用者の交流を通して、提供者と利用者との間に何らかのメッセージ交換を生じさせる。提供者から利用者へのメッセージは、建築と音楽のそれぞれに固有である意味の構成原理に基づく生成操作を施すことによって、それぞれの概念構

造に埋め込まれる。

2. 経験を定位する時空

　経験されるものごとは実際に感覚すること、知覚すること、行動すること
を通して直接自覚されるものごとである。経験には、身体的・実体的（環世
界的）側面、概念的側面、形而上学的側面がある。人間が能動的な交流
（interaction）を通して認識している世界は人間の環世界である。生物は、
外界にある刺激を受動的に受け入れて、それに機械的に反応して生きるので
はなく、外界に対して主体としてなす刺激の知覚によって形成される知覚世
界と、外界への応答を能動的に制御する作用世界とを結びつけて独自に構築
される、生物の種に特有の環世界の中で生きている（Uexküll, 1934）。
　人間の環世界において、人間によって経験されている時間と空間を〈経験
される時空〉とよぶ。個々の人間の身体は〈経験される時空〉の中の〈いま
ここ〉という位置に存在している。ある位置に存在する人間の心身は自分が
いる位置を中心として垂直方向、水平方向という軸を持つ。水平方向の軸は、
前後方向の軸とそれと直交する横方向の軸を持つ。〈経験される時空〉にお
いて優越する位置の移動は前後方向の軸に沿う。歩行という身体運動によっ
て身体が移動するのは前方向である。ひとまとまりの身体運動にはそれを始
める前とそれを終えた後という前後の軸がある。〈経験される時空〉の空間
的側面はボルノウ（Bollnow, 1963）の〈体験されている空間〉と共通する
性質を持つ。ボルノウによれば、数学的空間の決定的性質が等質性であり、
どの点も他の点に対して優越せず、任意の点を座標原点にできること、どの
線も他の線に対して優越せず、任意の線を座標軸にできることに対して、〈体
験されている空間〉には、その空間の中で体験している人間の居場所という、
他に優越する点があり、その人間の身体と重力に逆らう直立姿勢に関連する、
他に優越する軸がある。時間的側面についても同様のことが言えよう。その
時間の中で体験している人間の現在という、他に優越する点があり、その人

間の眼差しが未来を向いているか、過去を向いているか、どちらも向いていないかということに関連する、他に超越する軸がある。

音楽は時間を契機とする芸術であり、建築は空間を契機とする芸術であると言われる。それは、古代ギリシャにおいて美の原理とされた秩序、均斉、被限定性を、理性的な美の原理として、音楽の表現構造や建築の表現構造に内在させたからであろう。

プロジェクト《AdM》では、音楽と建築の関係性を、両者の〈経験される時空〉における関係性に眼差しを向けている。知覚できるあらゆるものごとと制御できるあらゆるものごとが環世界に属するのだとすると、経験されるものごとは環世界との交流が自覚されたものごとであると言える。経験の概念的側面は、図式を通して知覚されて秩序立てられた側面である。その一部は言葉によって表現される。記号操作による建築や音楽の生成は概念的側面における経験である。また、経験には、誰にも共通する本能的レベル、経験する者の行動に依存する行動的レベル、経験する者が付与する意味に依存する内省的レベルがある。

〈空間楽器・楽器空間〉（第3章、プロジェクト《sonicwalk》参照）という考えは、空間を回遊することが音楽を演奏することになるという行動的レベルに関わる。経験の視点は身体と意識が動くことによって移動する。身体は現実の物理学的な時空内にありその制約を受ける。意識は身体とともに時空内を移動するだけでなく、身体を超越して時空外にも移動し、空間全体や経験の来歴を認知し、空間経験の図式を逐次更新する。また、意識は実体と概念の境界を超えて動く。私たちは現前の空間を構成する要素を意識すると同時に空間経験の図式を通してそれらの関係性を認知する。

2.1. 建築の経験

建築の経験は場所の経験であり、環境の経験であり、空間の経験である。

建物は住まわれ、つくられる場所（place）を具現化する環境（environment）を存続させ、そうではない環境から区別する（容器の図式）。空間（space）は、

自分と環境の間に関係を見いだし、自分が生きている世界に意味や秩序を与える一つの概念である。私たちは自分が存在して行為をなす場所をそこにあるさまざまな対象との空間的な関係によって知覚し、自分を定位し、自分と環境との間に動的な均衡をつくる（Norberg-Schulz, 1971）。家屋の様式は家をつくる仕方の固定したものであり、人間が生きる場である風土において永い間に堆積された人間の自己了解の表現にほかならない（和辻、1935）。家屋の様式は家屋の構成原理を内在させ、家屋の表現構造を規定する。

　建築の経験には居住の流れと制作の流れがある。居住の流れと制作の流れは互いに関係し合う二重螺旋のように並行している。制作の流れには設計という位相と築造という位相がある。建築の経験は動的である。流れと言う語が象徴するように、建築の経験においては場所、環境、空間の状況が時間とともに変化することを自覚する。シーケンスとして知覚され、全体的な空間構成として認識される。

　空間経験の視点は、経験する者が動くことによって、建築の空間内・時間内を移動する。空間内に固定された視点から見える静止画像のような景色を静的に経験しているのではない。〈いまここ〉での現前の景色は、建築や環境が変化することにも影響されて、時々刻々変化する。私たちは空間の全てを同時には見ない。空間内・時間内で視点が動く順番に見る。また、視点は空間と時間を超えて動く。現実の空間を経験する私たちの身体は物理的な意味で空間の内側にある。同時に、空間を認識する私たちの視点は、身体とともに空間の内側にあると同時に、身体を超越し、空間の外側にあり、空間全体を一望する。過去から現在までの経験が構成する記憶（constructive memory）や未来の経験に対する期待が現在の経験に重なる。さらに、視点は実体レベルと概念レベルの境界を超えて動く。私たちは建築要素（柱、床、壁、窓など）を個別に意識しながら微視的・実体的に見ると同時に、それらをまとまりとして巨視的・概念的に見ている。そのまとまりが浮き彫りにする建築要素の存在しない部分を建築空間として経験している。

　概念的な空間構成は建築という実体的な空間構造として具現化される。実

体的空間構造の経験を通して概念的空間構成が認識される。

2. 2. 音楽の経験

　音楽の認知モデルを基礎とする。音楽（music）は音（sound）を音楽的構造として認知することによって経験される。身体が受容した具体的な音（振動）から楽曲を認識する図式を形成する情報を抽出し、その図式を通して音楽を認知する。低次の情報は音符として記号表現される音高、音価、音の強さなどの特徴である。高次の情報は、いくつかの音符からなるグループを形成する分節性、グループを変形したり反復したりすることによって形成する関係性と階層性などの構造化されたパターンに関する情報である。感知する音から音楽を構成する図式を形成し、図式を通して有意味な情報を知覚し、有意味な情報から音楽を認知する。有意味な情報とは、音（音高、音価）、音の関係（調性、拍子）、音をまとめる分節性、まとまりの関係性（変形、反復など）や階層性などである。伝統的な音楽の技法（構成原理）である、音形の拡大、縮小、調性、調の対比、反復進行などは上記の音楽認知の機序に沿っている。音楽の演奏は楽譜という空間を移動することでもある。

2. 3. 関係性

　建築の経験における時空内および時空を超えた視点の動きと、音楽の経験における認知の構造とを関係づける。音楽と対応づけるのはモノとしての建築の実体的空間構造だけではない。概念的空間構成や概念的空間構成を実体的空間構造として具現化するプロセス（実体的空間構造の解釈に対応）も音楽として表現する。空間と音楽の関係づけにおいて、空間を構成する要素となる実体や概念を、単に、高さ、強さ、長さ、音色、時間を持ったバラバラの音ではなく、それらを統合する何らかの規則性を持つ音楽構造（音楽として認知可能な構造）に対応させる。音楽外の構造を無作為に個々の音に対応づけても、必ずしも新しい音楽構造が人間に聴こえるわけではない。なぜなら、音楽構造は人間による音楽認知から独立して存在するわけではなく、音

楽として認知できる構造だけが人間にとっての音楽構造になるからである。

3. 概念構造の生成

建築の概念構造（空間構成）と音楽の概念構造（カデンツ）の共通の構成原理を用いて表現することを試みる。

3.1. 共通する構成原理

言語学における X バー理論の形式を適用することを試みる。概念構造は概念を構成する基本単位（図7・2）からなると仮定する。基本単位は核となる汎用的な要素（単位）と単位を特徴づける補完部の組み合わせ（単位 *）にその在り方を特定する要素（特定部）を付与したものである。基本単位は二種類の生成規則（rule-1, 2）によって生成される。生成規則は A → BC という形式を持つ。この形式は A が B と C からなることを表現している。

rule-1　基本単位　→　特定部　単位 *

rule-2　単位 *　→　単位　補完部

図7・2　概念を構成する基本単位

複合的な概念の構造を基本単位の組み合わせによって表現する（図7・3）。これを可能にするのは次の生成規則（rule-3a, 3b）である。これらの生成規則を再帰的に適用することによって、多数の基本単位からなる複雑な概念構造が表現される。

rule-3a　単位 *　　→　　基本単位　単位 *

rule-3b　単位 *　　→　　単位 *　基本単位

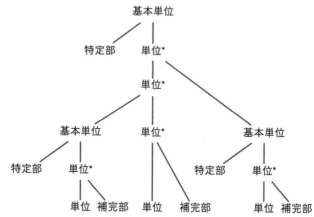

図 7・3　複合的な概念の構造

3.2. 建築における概念構造の例

　伊是名島の典型的な琉球民家の空間構成に関する筆者の理解を、前述の構成原理を用いて表現してみる。典型的な琉球民家の多くは南を正面として、南に面する座敷（表座とよばれる）が東西方向に複数配置される。表座の南側には縁側と雨端（長く出た軒下の外部空間）があり、これらは座敷の内外を繋ぐ緩衝空間として機能している。最も東にある座敷は一番座とよばれる。東側にも緩衝空間がある。一番座は上客を通すのに使われ、床の間を持つという特徴がある。一番座の西に隣接する座敷は二番座とよばれる。二番座には仏壇があるという特徴がある。二番座の空間構成を概念構造として表現すると図 7・4a, b のように描くことができる。図 7・4a は縁側と雨端を一つの緩衝空間を構成する要素と理解する空間構成を表現する。図 7・4b は縁側を座敷を拡張する空間であると解釈している例である。

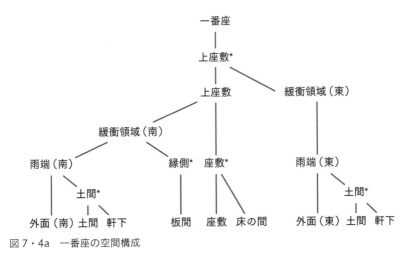

図7・4a　一番座の空間構成

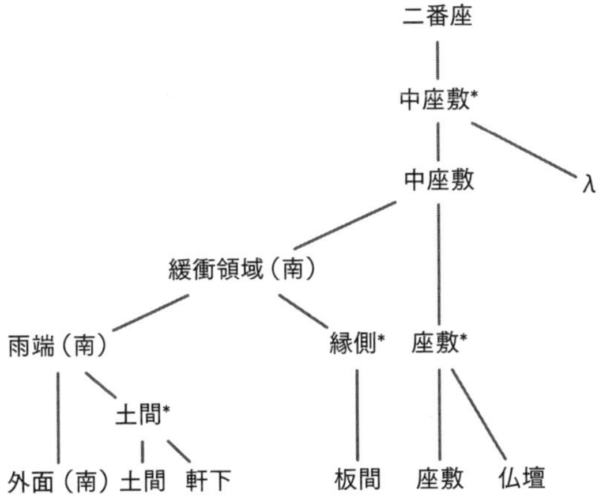

二番座
中座敷*
中座敷　λ
緩衝領域（南）
雨端（南）　縁側*　座敷*
土間*
外面（南）土間　軒下　板間　座敷　仏壇

図7・4b　二番座の空間構成

3.3. 機能和声に基づく音楽の概念構造

　私たちは音楽の部分部分である音たちを聴きながら、そのいくつかを一つのまとまりとして認識し、いくつかのまとまりの集まりを、さらに大きいまとまりとして認識する。この認識が再帰的になされ、音の連続が一つの音楽

として認識される。生成音楽理論（Generative Theory of Tonal Music, GTTM）は、人間が音楽を理解する直感的能力をシェンカー理論と生成文法に基づいて表現している。GTTM は、モティーフや楽節などの音のまとまり、拍節構造、音楽を構成する重要な音の選出、機能和声に基づく緊張と弛緩の関係を厳密な規則によって階層的に表現している。

　ここでは、音楽の概念構造の表現形式を簡便に説明するため、機能和声に基づく音楽の概念構造の表現を試みる（藤井、et. al., 2009）。機能和声は和音の度数に和声的機能、意味を付与し、それを組み合わせてカデンツ（終止形）を形成し、和音連結を分節化・階層化する西洋近世の作曲様式である。カデンツは音楽における一つのまとまりを形成する。一つの音楽はいくつかのカデンツの連鎖として構成されると考え、複数のカデンツの関係を考慮する。カデンツは音楽を分節化すると同時に音楽全体の階層構造の土台を形成する。カデンツによる音楽の構成を文章の構成に例えると次のようになる。カデンツがつくる分節点は文章における句点のような働きをし、一つのカデンツで終わるフレーズが文を構成する。いくつかのカデンツのまとまりは段落を構成し、カデンツのまとまりのまとまりが段落のまとまりである文章を構成する。すなわち、カデンツが文章における文、段落、文章のような階層構造を音楽に与える基本単位となる。カデンツにこのような機能を持たせるために、カデンツの終止度、つまりカデンツの強度の概念を導入する（古川、et. al., 2009）。段落内を分節化するカデンツの強度は、段落と段落を分節化するカデンツの強度よりも小さいというように、カデンツがまとめようとする単位が大きくなるほどカデンツの強度が大きくなるものと考える。

　この構造を模式化すると図 7・5 の樹状図のようになる。それぞれの葉（数値が記入されているノード）はいくつかの音の列を示している。アルファベットが記入されているノードは音の列のまとまりを示している。例えば、ノード A はその下にある二つの葉（音の列）のまとまりであり、ノード E はノード A によってまとめられた音の列とノード B によってまとめられた音の列のまとまりである。私たちが音の列を音楽として認識できるのは、音の列を聴

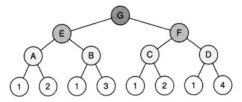

図7・5　音楽の階層構造

図7・6　カデンツによる音楽の分節と階層

きながら、それらを、逐次、このように階層化しているからであると考える。

　階層化には音の列がひとまとまりのものとして認識されることが必要である。カデンツは音の列を分節化し、ひとまとまりのものとする役割を担う。図7・6にカデンツを基本単位とする音楽の分節と階層構造の関係のイメージを示す。○はカデンツを表し、樹状図（図7・5）の葉に相当する。すなわち、カデンツによって音の列の基本単位がまとめられていることを示している。○の中の数値はそのカデンツの相対的な終止度、カデンツの強さを表す。数値が大きいカデンツの終結度は数値が小さいカデンツの終結度よりも大きい。終結度が大きいカデンツは自分の直前（図では直左）にあり、自分よりも終結度が小さいカデンツの列をまとめて段落をつくる。例えば、左から2番目の終結度2のカデンツは1番目のカデンツと自分をまとめる（樹状図のまとまりAを形成）。4番目の終結度3のカデンツは直前（直左）のカデンツと自分をまとめ（樹状図のまとまりBを形成）、さらに、1番目から3番目のカデンツの列と自分をまとめる（樹状図のまとまりEを形成）。6番目の終結度2のカデンツは5番目の終結度1のカデンツと自分とをまとめる（樹状図のまとまりCを形成）。最後（8番目）のカデンツは、いくつかのカデンツを入れ子状にまとめつつ、全てのカデンツの列をまとめる（樹状図のまとまりGを形成）。

音楽構造の生成の流れ

1　ある任意の深さの二分木を生成する。

2　二分木が音楽の構造として成立するために持つべき終結度を葉に割り当てる。

3　カデンツを生成し、葉のそれぞれに与える。これを基本構造とする。カデンツの生成には生成文法を用いる（後述）。

4　基本構造の適当なノード（葉を含む）を選択し、それが支配する中で最も終結度が大きい葉（部分木の最右の葉）をそのノードを代表するカデンツとする（後述）。ノードを代表するカデンツが過不足無く揃うまでこの操作を繰り返す。

5　各カデンツに代表するノードの大きさに応じた時間的長さを与える。

6　各代表カデンツの終結度を、カデンツのパターンと時間的長さを考慮して、計算する。

7　計算したカデンツの終結度の大小関係とステップ2で割り当てた葉の終結度の大小関係が整合的であることを確認し、それを音楽構造とする。

カデンツの生成文法

　生成文法を用いてカデンツを生成する。カデンツの生成文法を、建築の概念構造の表現と同様に、X' 理論を踏まえて定義する。同様の試みはカデンツの文法構造の HPSG による解析という目的で東条（東条、2001）によってなされている。

　生成規則は二種類の基本形式を持つと想定する（図 7・7）。ここで、X はトニック（T）、ドミナント（D）、サブドミナント（S）などの機能の範疇を示す。X2 と X1 は X を投射した範疇である。X2 を最大投射範疇（maximal projection）とよぶ。X は最大投射範疇 X2 や投射範疇 X1 の主要部（head）である。Y2 は主要部に対する補部（complement）であり、X とは異なる機能を持つ主要部の最大投射範疇である。投射範疇 X1 の同位要素（sister）となる機能範疇 X を指定部（specifier）とよぶ。基本形式 X2 → X X1 は最大

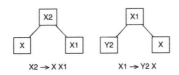

図7・7　カデンツ生成規則の基本形式

投射範疇 X2 が指定部 X と投射範疇 X1 からなることを示す。表現形式
X1 → Y2 X は投射範疇 X1 が補部 Y2 と主要部 X からなることを示す。

　カデンツを定義する生成規則を基本形式に則り、次のように設定する。主
要部の機能によっては指定部や補部を持たない場合がある。生成規則を下に
示す。開始記号はカデンツを意味する CADENZA とする。Rule-m01 は
CADENZA がトニックの最大投射範疇（T2）であることを示す。Rule-m02
〜 m07 はトニック（T2）、ドミナント（D2）、サブドミナント（S2）などの
機能の最大投射範疇を構成する範疇を示す。Rule-m08 〜 m19 はトニック
（T1）、ドミナント（D1）、サブドミナント（S1）などの機能の投射範疇を
構成する範疇を示す（なお、ここで Tp はトニカパラレル、つまり平行調の
トニカ＝ VI 度、Sp はサブドミナントパラレル、つまり平行調のサブドミナ
ント＝ VI 度を表す）。

Rule-m01　　CADENZA → T2

Rule-m02　　T2 → T T1

Rule-m03　　D2 → D1　　　　　（※；D2 は指定部をもたない）

Rule-m04　　S2 → S1　　　　　（※；S2 は指定部をもたない）

Rule-m05　　T2 → T Tp1　　　 （※；T2 が T の補部となる場合）

Rule-m06　　S2 → S Sp1　　　 （※；S2 が D の補部となる場合）

Rule-m07　　S2 → S1　　　　　（※；S2 が D の補部となる場合）

Rule-m08　　T1 → S2 T

Rule-m09　　T1 → T2c T

Rule-m10　　T1 → D2 T

Rule-m11　　T1 → D2 Tp

Rule-m12　　S1 → S　　　　　（※；S1 は補部をもたない）

Rule-m13　　D1 → S2 D

Rule-m14　　D1 → D[D] D　（※；補部が借用和音である、［　］内は
　　　　　　　　　　　　　　　借用調を示す）

Rule-m15　　D1 → D　　　　　（※；S1 は補部をもたない）

Rule-m16　　Tp1 → D[Tp] Tp（※；補部が借用和音である、［　］内は
　　　　　　　　　　　　　　　借用調を示す）

Rule-m17　　Tp1 → Tp

Rule-m18　　Sp1 → D[Sp] Sp（※；補部が借用和音である、［　］内は
　　　　　　　　　　　　　　　借用調を示す）

Rule-m19　　Sp1 → Sp

　代表的なカデンツの文法構造は、この生成規則に基づくと図7・8、7・9、7・10 のようになる。ここで、点線で示されている範疇は陽には現れない（空である）指定部または補部を示している。また、X0 は X と同じ機能範疇を示す。

　カデンツの概念構造は次のようなことを表している。カデンツ T-D-T における主要部は最右のトニックである。ドミナントはトニックの補部として位置づけられていることが表されている。カデンツ T-S-T も同様の構造を持つ。ここではサブドミナントがトニックの補部として位置づけられている。カデンツ T-S-D-T は補部が入れ子の構造を持つ。ドミナントがトニックの補部として位置づけられ、さらに、そのドミナントの補部としてサブドミナントが位置づけられる。これらのカデンツにおいてはトニックのみが指定部を持つ。それぞれ、最左のトニックが指定部である。

　上記の生成規則によって、代表的なカデンツの他に、T-S-Sp-D-T、T-S-D[Sp]-Sp-D-T、T-D[D]-D-T、T-T-D[Tp]-Tp-T などが生成される。T-S-Sp-D-T の Sp は D の補部となる範疇の主要部であり、S はその指定部である。

　以上に示したように、X' 理論を踏まえた生成規則を用いてカデンツを定

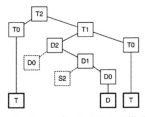

図 7・8　カデンツ T-D-T の構造

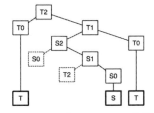

図 7・9　カデンツ T-S-T の構造

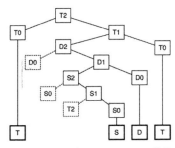

図 7・10　カデンツ T-S-D-T の構造

義することによって、カデンツを構成する各機能の概念構造上の位置づけが和声上の役割と対応づけやすくなっていると考えられる。

枝打ちによる構造の変形

　二分木の枝打ちをして構造に変化を持たせる。その方法をここで示す。

　二分木を音楽の基本構造とすると、二分木の深度（高さ）の違いによる構造の違いは扱えるものの、固定的な構造となり、変化が乏しくなる。そこで、枝打ちをして構造に変化を持たせることにする。枝打ちをするということは、入れ子の階層構造を持つカデンツのどのまとまりに注目するかを定めるということである。基本構造の各ノードはカデンツのまとまりの単位を示す。適当なノード（葉を含む）を選択し、それが支配する中で最も終結度が大きい葉（部分木の最右の葉）をそのノードを代表するカデンツとし、カデンツの列と階層構造を変形する。この操作をカデンツのまとまりの単位とそれを代

表するカデンツが過不足無く揃うまで繰り返す。下図に枝打ちのイメージを示す。

　図7・11はノードBとFで枝打ちをした場合の音楽構造である。Bの支配下にある（終結度が小さい）左側のカデンツは削除される。まとまりBの代表カデンツが削除したカデンツの分の時間的長さを受け持つことにする。この場合、葉に割り当てた時間の倍の時間を受け持つ。まとまりFについても同様である。図7・12は同じ基本構造をまとまりB、Cに着目して枝打ちした例である。

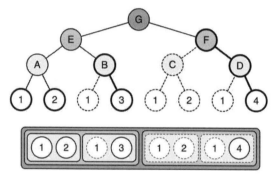

図7・11　枝打ちした音楽構造とし使用するカデンツの例（1）

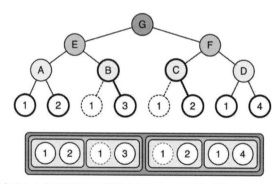

図7・12　枝打ちした音楽構造とし使用するカデンツの例（2）

終結度による音楽構造の評価

　カデンツの終結度をカデンツの型が持つ終結の強さ（例えば、…-D-T で終わるカデンツの終結度は…-S-T で終わるカデンツの終結度よりも高いなど）とカデンツが受け持つ時間的長さとの積として求める。すなわち、型が同じならば時間的長さが長いカデンツの終結度を高くし、時間的長さが同じならば型に固有の終結度が高い方がそのカデンツの終結度が高くなる。例えば、終止形が…-D-T のカデンツの固有終結度を 10 とし、…-S-T のカデンツの固有終結度を 5 とすると、後者が前者の 2 倍を超える時間的長さを持つ場合に後者の終結度が前者の終結度よりも高くなり、2 倍未満の時間的長さを持つ場合に前者の終結度が後者の終結度よりも高くなる。このように算出される各カデンツの終結度の大小関係が二分木を生成する際に各葉に与えた終結度の大小関係と同等となるものを音楽構造として採用する。

4. 顕現する行為としての《AdM》

　《AdM》のサブプロジェクトである《MbA》の方法論について触れる。

4. 1. 構成的方法

　《MbA》は、建築や音楽という異なる表現構造を連係し、視覚、聴覚、触覚などを相互に作用させるクロスモーダルな先端芸術表現の制作、経験、理解が連係する探究である。制作、経験、理解は一体であり、《MbA》の異なる位相として現れる。制作は期待する経験を提供しうる建築と音楽の表現構造の構成原理を仮定し、その構成原理に基づいて表現構造を具象化（embodiment）する位相である。仮定することは研究的実践である。経験（演奏かつ鑑賞）は表現構造を実体化（substantiation）し、視覚、聴覚、体性感覚、平衡感覚などを通した鑑賞者と建築と音楽の関係性を意識して鑑賞する位相である。建築における建物の築造、音楽における楽曲の演奏は実体化の一般的な例である。作品を経験することの理解は構成原理を考案するための

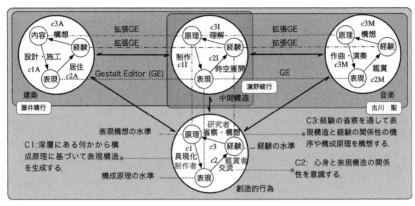

図 7・13　構成原理・表現構造・経験の関係性の仮説的モデル

学術的根拠の実践的研究として行われる。

　《MbA》は、建築と音楽の関係性を、建築や音楽の形相や質料という表現構造の観点、建築や音楽の体験における認知や理解という経験の観点、経験を反映する表現構造を生成する構成原理の観点から探究し、これらの関係性と表現の作品の認知経験における身体性や象徴性を連係する機序 (mechanism) を、作品として経験される文脈において顕在化しようとしている。建築の構成原理と音楽の構成原理の深層にある関係性を形式表現することを繰り返している。関係性の経験を省察して意味や機序を与えることによって構成原理が逐次的に構想される。

4. 2. 二重螺旋構造

　《MbA》は研究的実践と実践的研究を同時に並行して連携する二重螺旋構造を持つ。

　研究的実践においては、構成原理に基づいて生成される中間構造は建築や音楽などの具体的な表現構造として実体化され（図 7・13、c1）、具体的表現と心身との交流を通して両者の実体的または概念的な関係性が意識され（同、c2）、意識された関係性を省察して意味や機序を与えることによって構

成原理が逐次的に構想される（同、c3）ということが構成的に繰り返される。

　実践的研究においては、関係性を意識させる建築と音楽の構成原理の仮定、仮定した構成原理に基づく建築と音楽を同期する表現（表現構造）制作、制作した表現の批評的な鑑賞と理解を通した仮説検証が構成的に繰り返される。

　建築と音楽は、それぞれ、構成原理に基づいて生成される抽象的な中間構造を具体的な表現構造として実体化することによってつくられる。建築や音楽の表現構造は、それぞれ、中間構造に質料（建築では材料、音楽では音色）を付与して中間構造との同型性を保ちつつ写像することによって、いわゆる建築や音楽になる。幾多の写像（準同型写像）の組み合わせの中から、建築空間経験の印象や心象、音楽経験の印象や心象、中間構造の関係性を最もよく説明する写像を探究する。建築や音楽の経験、すなわち表現構造と心身の交流を通して、両者の実体的または概念的な関係性が認識される。

4. 3. プロダクトの探究とプロセスの探究（メタ視点）

　プロダクトの制作とプロダクトの制作プロセスの探究を相互再帰的に連携している。プロダクトの探究は、建築と音楽の関係性（例えば、共通性、差異など）を、建築と音楽の制作、鑑賞、理解におけるそれぞれの構成原理、表現構造、経験の関係性に注目し、身体的側面と象徴的側面から明らかにしようとしている。プロセスの探究は、音楽の経験と建築空間の関係性の学術的知見や先端芸術表現を創造するプロセスに関する研究を、プロダクトの制作、鑑賞、理解を繰り返す文脈の中で、同一人たちが、制作する者の視点、鑑賞する者の視点、研究する者の視点における、一人称視点、二人称視点、三人称視点を連携して、模索している。制作する者の視点には、制作行為を内省する一人称視点、鑑賞する者の経験を想像する二人称視点が関わる。鑑賞する者の視点には、鑑賞する一人称視点、制作する者の意図を解釈する二人称視点が関わる。研究する者の視点には、客観的な事物現象を見る三人称視点、研究行為を内省する一人称視点が関わる。

〔参考文献〕

1　Uexküll, J von., "Streifzüge durch die Umwelten von Tieren und Menschen: Ein Bilderbuch unsichtbarer Welten", 1934. ユクスキュル、クリサート（日高敏隆・野田保之訳）、『生物から見た世界』、思索社、1973 年。

2　Bollnow, O. F. Mensch und Raum, 1963.（大塚恵一ほか訳）、『人間と空間』、せりか書房、1988 年。

3　Norberg-Schulz, C. Existence, Space and Architecture, Studio Vista Limitea, 1971.

4　和辻哲郎『風土 – 人間学的考察』、岩波書店、1935 年。

5　藤井晴行、古川聖「機能和声に基づく音楽構造の生成手法の提案」、『情報処理学会研究報告、Vol.2009-MUS-81 No.17』、2009 年。

6　古川聖、藤井晴行、柴玲子、岡ノ谷一夫「機能和声と音楽の認知について」、『情報処理学会研究報告、Vol.2009-MUS-81 No.16』、2009 年。

7　東条敏「ヘッドの概念を用いた和声学の文法」、『第 42 回音楽情報科学研究会』、情報処理学会、2001 年、pp.55-60。

8　このような機能和声に和音記号はDieter de La Motte, Harmonielehre, Bärenreiter-Verlag 1976 参照（ディーター・デ・ラ・モッテ（吉田雅夫監修　滝井敬子訳）『大作曲家の和声』、シンフォニア、2013 年）。

第8章　音楽に感じる空間

水野みか子

1. 音楽の空間・建築の空間

　音楽と建築、この二つの世界を結びつけるために空間という語を持ち出すならば、出口の無い、果てしなく大きな問題に取り組むこととなる。空間という言葉が、リアルにも仮想的にも、具体的にも抽象的にも使われるからであり、音楽も建築も、「リアル or 仮想」、「具体 or 抽象」の両面を持つからである。

　仮に「音楽の空間」を、作品へと構成されたサウンドが鳴り響いている場所であると規定し、「建築の空間」は人が歩いたり移動したりする場所であり、人間の営みによって時間経過が蓄積されるがそれ自体は時間を持たない、と規定することもできよう。しかし、そのような規定が誤りではないとしても音楽と建築を照合するのは困難だ。「音楽のリアル vs 建築のリアル」、「音楽の仮想 vs 建築の仮想」、あるいは「音楽の具体 vs 建築の具体」、「音楽の抽象 vs 建築の抽象」という直接的な比較は成り立たず、実際にはむしろ、「音楽の抽象 and 建築のリアル」、「音楽のリアル and 建築の仮想」といった捻りのある結節が幾重にも重なっているのである。

　ここではまず、空間という言葉で今日想起される概念のルーツとして、プラトンの〈コーラ〉やアリストテレスの〈トポス〉を参照してみよう。音楽や建築が創出する空間は、プラトンが『ティマイオス』で語った〈コーラ〉、すなわち、そのなかに何かがあったり、人が生活しているような場所であって、何ものをも受け入れる器でもありうる。また、アリストテレスが「場所（topos）」という言葉で語るのは、「物体の運動（kinesis）の場」であり、何

かが生起しているところ、または、ある物体と他の物体との境界面であり、一種の構造を持つものでもありうる。

　いま一歩、古典哲学を逍遥してみるならば、アリストテレスが『自然学』で展開したトポス論は、そこにある物体を包み込む器のような何ものか、あるいは、運動がそこにあり上と下の区別があるもの、という二つの観点で、音楽と建築に共通する枠組みのヒントを与えてくれる。

　「(1) 場所がそれのうちにある物体とともに成長増大することは必然的ではない。(2) 点に場所があるということは必然的ではない。(3) 二つの物体が同一の場所のうちにあるということも必然的ではない。(4) 場所が、ある物体的な間隔であるということも必然的ではない。というのは、場所の限界と限界との中間にあるものは、それが何であろうと、ある物体であって、物体の隙間ではないからである。更に (5) 場所もまたどこかにあるが、しかしそれは場所のうちにあるという意味に於いてではなくて、ものの限界面がこれによって限界づけられているそのもののうちにある、と言われるような意味に於いてである。なぜならば、存在するもののすべてが場所のうちにあるというわけではなくて、場所のうちにあるものは動かされ得る物体だけだからである。」[注1]

　美学者今道友信はアリストテレスにおける〈トポス〉を、「ひろがりよりも限定された場面であり、何事かがその上に生起している所である」と簡潔に規定している（今道、1980）。アリストテレスはこの議論を『修辞学』においても展開しているのであり、修辞学における弁証法の命題と規則、あるいは弁証法の形成要素が〈トポス〉である。従って〈トポス〉は論述の基礎となる視点、論拠を意味することにもなる。

　なんらかの規定による場所を意味する語でありながら、同時に、人間が組み立てた形成物や構造の基盤となる拠点をも意味する、アリストテレスの〈トポス〉は、感覚器官の差異を超える時、あるいは近代以降の芸術ジャンルが相互に超域的な状態になる時には非常に示唆的な概念である。

　12音技法において、たとえば「基本音列のx番目」は、前記『自然学』

の引用箇所の（1）〜（5）で条件づけられた「器としての場所」であり、セリーの法則に則って配置されるピッチ・クラス［0,1,2,3,4,5,6,7,8,9,t,e］は「場所のうちにある物体」だというアナロジーも生まれる。そして、ギリシャ出身の作曲家・建築家ヤニス・クセナキスが言う宇宙論的空間は、感覚器官を超えた構造の基盤であり、アリストテレスの〈トポス〉に近い。12音技法とクセナキスについては、後に第3節、第4節で考察しよう。

2. 西洋音楽史に見る「音楽の空間」とブルックナーの音楽形式

　ここではまず、西洋音楽史上の事象に沿って、音楽が空間を考える契機となり、特に活発な議論が巻き起こった事例を挙げてみる。

　中世の修道士教育やヴェネチアのサンマルコ寺院に代表される、分割配置された合唱団のコーリ・スペツィアーティ、また、近代工業や博覧会において技術の素晴らしさをアピールし、しばしば「大伽藍」と形容されるまでに大規模になったパイプ・オルガン、そして、修道院の長い廊下を歩き、その角を曲がると突如大音量のオルガンが聞こえてくる。その音風景を交響曲のエクリチュールに昇華させてオーストリアのリンツで活躍したアントン・ブルックナー、また、20世紀初頭の巨大なコンサートホール建築のブームとオーケストラ編成の拡大など、近世・近代ヨーロッパには音楽が「空間」を強く意識する瞬間がしばしばあった。そして20世紀後半には、電子制御技術を駆使してリアル空間の音響からイマジナティブに電子音響やライヴ変調空間を創出した多くの現代作曲家の試みへと至るのであり、今日では、ネットワークを介したテレマティック音楽における仮想空間も、「音楽の空間」概念に対して新しい局面を開いている。

　音楽自体の形式に近いところで表象される空間が理論的に打ち出された時期として1920-30年代は重要だ。調性音楽における「階層構造」に関して、主にドイツ語圏で音楽分析・理論、現象学、心理学の諸分野が様々な視点を打ち出し、その中に空間表象に関する記述も現れた。

エネルギー学派の一人エルンスト・クルトは、ブルックナーに関して、音楽という有機体の本質をその内部に潜む緊張弛緩に認め、力やエネルギーの概念によって説明した。なかでも、ブルックナーの交響曲において音楽形式が空間性に基づくものであることを強調して、たとえば《交響曲第六番》第一楽章の 1 ～ 8 小節に関して以下のように記述している。

　分析例 1-1：「主題は非常にはっきりしているにもかかわらず、それは、内的ダイナミズムのごく一部にすぎない。コントラストの強い音域が、下層部で波打つ内的意志のエネルギーを、とりわけ強く強調し、声部が空間的に大きくかけ離れていることによって、より一層内的緊張が高まる。」(Kurth, 1925, p. 292)［注 2］

　分析例 1-2：「ベースラインにおける形式拡大への駆動は、やや控えめな数小節の間、強い注意力を要求するような現象を被い隠している。ベースラインが入ってきて、高い音が渦巻き続けている時、それを妨げるような短いホルンの動機が 7 ～ 8 小節で反響する。それは分析的見地からいえば、その前に出たモティーフの、単なるエコーのような模倣にすぎない。そのように考えると、ここでも力は現れによって隠されたままとなる。そして、まさしく〈シンプル〉なものとして現れるものこそ、総合的な芸術表現意志の根本様相に結びつくのである。表面的に音を捉えれば、模倣やエコーである。われわれがそこに見なければならないのは、境界なきかなたへと拡散していく動きなのである。」(Kurth, 1925, pp. 292-293)

　また、《交響曲第 7 番》冒頭に関して、空虚さと距離や方角を指摘する。

　分析例 2：「ブルックナーの音楽においてはしばしば、距離や方角や音楽が向かうべき〈シンフォニック・スペース〉を象徴するレゾナンスが、主要ラインまたはその要素に続く。そうしたレゾナンスは非常に短いが、極度に

生命力にあふれ、かなりの距離にまで届く。短い挿入の場合には、分枝しながら響きの解消（Klangverdünnungen）へと尾をひいて転換していくような、エコー的な反復で占められることが多い。差し挟まれるレゾナンスは、必ずしも実際のテーマの断片を含むわけではなくて、むしろ、変形されたり、新しい連続の中にあったりする。その場合には、素早く通りすぎる種々のモティーフに支配されていたり、閉じるモティーフではなくて、鮮やかな印象を持つがまったく変わってしまった響きの次元の中に出てきたりする。そのときには、空虚は、落ち着いて堂々と広がるのではなくて、落ち着きのない線的な力によって満たされていることが多い。」（Kurth, 1925, p. 293）

　さらに、《交響曲第5番》に関して、空間性の感覚と音楽形式について述べている。

　分析例3-1：「空間性の感覚は常に形式感覚の映しである。というのは、空間感覚はまず形式プロセスによって呼び覚まされ、その聴覚的性質の形式プロセスにおける特別性やスタイル上の変化形次第で決まるからである。調査して初めて判明するこうした空間現象は、すでに一般的には取り上げられた。なぜならばブルックナーにおいて空間現象は発展するモティーフに、最も強く結び付いているからである。」（Kurth, 1925, p. 338）

　分析例3-2：「非常に生き生きとした明瞭な線的進行が形成され、それが、音色やほかの創造的形式パースペクティブにおいて変化しながら、ダイナミックに響きの層と明確な空間感覚とを結び付ける。第5交響曲の例がそのことを例証する。」（Kurth, 1925, p. 339）

　分析例3-3：「ブルックナーは再び内的無限の空虚空間の驚異と、塊と進行する形成の驚異とを対比させる。今度は中間のパッセージは、より濃密な響きの充実に応じて、より大きく拡張される。持続する高音域での弦のトレ

モロのディミヌエンドとして現れ、370-372 小節で 3 小節間続く。今度は高いモティーフは、2 度めになるまで出てこない。58-59 小節の、境界なき空間へと上昇するテーマ最終断片の理念上の継続は、ここでは（またフルートで）より広いアーチ型天井の象徴へと変形される。（連続する 4 度 5 度の跳躍は、トータル 1 オクターヴ半に及ぶ）。さらに繰り広げられる響きの衰退は、短いモティーフのひらめきによってほのめかされるように、広い地平線のような高貴さを誇る。こうしてわれわれは 371 小節のリバーブのパッセージという第二の状況になって初めてこの特別な挿入の意味を理解するのである。モティーフをめぐる他の要素は、空虚へとゆさぶられていくデュナーミクによって満たされている。さらに、低弦では、369-370 小節の、より十全にオーケストレーションされた動きのかすかな名残もある。この薄い、低音域の響きはアーチの感覚を作る（フルートパートに相対して）。そしてフルートと一緒になって広くぐるりと回転する空間となる。」（Kurth, 1925, p. 341）

　「境界なきかなたへ」、「空間性の感覚」、「空虚は線的な力に満たされている」、「広い地平線」、「広くぐるりと回転する」など、ここに引用し下線を施した記述に現れる語は、いずれも空間の性質を、視覚的現象または視覚的な形として説明している。そしてそれら視覚像は、音楽形式と境なく結びついているのであり、空間性が音楽形式そのものに実装されていると言うことができる。

3. 20 世紀後半の音楽空間論

　ドレスデン出身の音楽学者ギゼラ・ナウクは、「空間の中の音楽」と「音楽の中の空間」を 20 世紀の作曲技法の点から包括的に考察し、アントン・フォン・ウェーベルン、ピエール・ブーレーズ、ディーター・シュネーベルの作品を分析し、加えて、設計される空間が作曲という創造プロセスそのものになった歴史上最初の事例であるヴェネチア楽派の多声音楽と、史上 2 番目の

事例であるカールハインツ・シュトックハウゼンの「空間の音楽」を対比させた（Nauck, 1997）。

　建物のデザインが音楽様式に合致する数百年前の事例を、方角、動き、広さ、天井高などを電子的音響制御によって自在に操る20世紀後半の事例と直接に並置する論点は、21世紀の今となってはよく知られた、馴染みやすいパースペクティブである。しかしクセナキスやピエール・シェフェールではなく、なぜシュトックハウゼンの空間概念に集中したのか。

　その理由の一つは、シュトックハウゼンの空間音楽の出発点にはセリー思想があったということである。トータルセリーより以前の初源的セリー、すなわち、12音技法にあっては、音の動きが紡ぐ継時的な時間枠と響きを支える同時的でハーモニックな空間枠が、互いに独立した、どちらにも力点が置かれない対等な場所枠（＝器）となり、整数表示される音程（ピッチ・クラス、あるいはインターヴァル・クラス）で満たされる。時間と空間を同次元で扱い、音程によって構成していく12音技法では、協和から不協和までの親近性のグラデーションが、整数として12種類の音程に置き換えられ、有限個のシンプルな数値に置換されている。

　「音楽は音程関係という振動数の比例関係を時間的局面で設置していくものだ」と言っていたアドルノが空間という用語を音楽にあてはめたのは、音楽分析において作品を諸要素へと分解する手法に関して、「メロディーの真の質は、常に、音程という、いわば、空間的な関係を時間に置き換えることに成功するかどうかによって測られる」（Adorno, 1949）というくだりにおいてだったことを思い出そう。

　アドルノ自身は、作曲家が音響空間をリアルに制御することができるという電子音楽的環境を前提としたのではない。アドルノが向き合っていた「同時代」音楽は、新ウィーン楽派や12音技法から1960年代までに作曲された器楽と声楽だったのであり、シュトックハウゼンの手法や電子音楽の技術を目の前にした世代にとっては、メロディーと音程との時間・空間関係をそのまま音楽分析に充当させることはできない。

音楽における空間性という問題が、作曲家自身の自作解説の枠を超えて、創作史のある一定の時期に共通していたということが音楽学の論題になり得たのは、ナウクの師でもあるヘルガ・デ・ラ・モッテ＝ハーバーの論考あたりからだ。モッテ＝ハーバー は、時間芸術としての音楽がロマン派から次のフェーズへと移ろうとする 19 世紀末に、一方向的時間軸で進行する音楽は絵画をはじめとする空間芸術との密な交感関係の渦のなかで空間意識を獲得し、それが、20 世紀後半の音響彫刻やサウンドアートへの歴史的源泉になったと書いている。そして、これらの音楽的事象を、モッテ＝ハーバーは、「音楽的時間としての空間」と呼び、1950 年代の電子音楽によって空間という音楽素材が新たに獲得され、「音楽的時間が空間化された」と指摘した（Motte-Haber, 1986, 1990）。

ナウクはシュトックハウゼンの《グルッペン》や《少年の歌》にアプローチするに先立ち、学術的に対峙すべき「音楽の空間」について、モッテ＝ハーバーが論じた九つの視点を整理している。このうち、視覚的イマージュから音楽形式を発想したベルリオーズやリスト、あるいは視覚と聴覚の共感覚または感情など人間の内面というフィルターを介して空間を音楽に写すスクリャービンやヴィシネグラッキは、20 世紀後半のサウンドアートと同じ土俵では論じ得ないとしても、20 世紀以前の西洋音楽史にのみ先行事例を探すとすれば、21 世紀のグローバルな音楽状況を考えるには視野が狭すぎると言わねばならない。

音楽の面からのみ空間を考えることについては、すでにナウクも躊躇しており、むしろ、「建築と音楽」という二つのリアル世界を少し遠くから眺め、音楽の中に「描かれた空間」をひとまず横に置いておいて、音楽が実践（演奏または上演）される「リアルの場所」と、そこに現れる「音楽の物理的な特性」を照合・考察して、「音楽の中の空間」を逆照射することが可能だと考えた。「音楽実践のリアルの場所」とは、たとえば教会であり、「音楽の物理的な特性」とは、たとえば楽器の性能や編成、何度も演奏される場合の楽曲再演（あるいは再生）の建築音響あるいは電気音響の環境、さらには聴取

の形態などである。

　結局のところシュトックハウゼンが音の空間性を規定するのは、持続、高さ、音量、音色の四つのパラメータを一つ一つの音ごとに変化させる代わりに、発音体を「ある場所」から「別の場所」へと移動させる「運動の生起」によってである。そしてリアル空間における「点＝場所」をシュトックハウゼンは〈Topik〉と呼んだ。「点＝場所」は建築構造物の中の一点として特定され、そこには四つのパラメータを持つ「内容物としての音」が配置される。シュトックハウゼンは空間音楽を実現する建造物のための 11 か条の要件を提示したが、もちろんそれは建築のための基礎設計ではなく、音楽の環境である建造物に対する、音楽家からの要求である［注 3］。

4. 複数の「点＝場所」が創出する全体としての時間・空間

　実際に建築設計家として創作に携わっていたのがギリシャ出身の作曲家・建築家ヤニス・クセナキスだ。プロフェッショナルな、様々な設計経験があるクセナキスは、シュトックハウゼンよりも具体的に、地名、地形、土地の広さなど、物理的に特定可能な「点＝場所」に拘っていた。

　クセナキス研究で知られる音楽学者マキス・ソロモスは、クセナキスの音楽創造における空間の三つの局面を整理している (Solomos, 2015)。第一に、作曲の素材または作曲的オペレーションを施す対象としての空間、第二に音響を物理空間に配置するスパシアリゼーション、第三に場所としての空間である。音楽の中の時間に関して、計測可能な「持続 duration」と計測できない「流れ flow」を区別していたクセナキスは、空間に関しても同様に、物理的に計測可能なものとそうでないものを区別しているが、ここで挙げた三つの局面はいずれも計測可能な空間として音楽作品の中に実現されている。

　ソロモスの整理にならって音楽書法を見てみよう。

　クセナキスが作曲のアイデアとしてオペレーションを施す対象は幾何学空間である。たとえば《ノモス・アルファ》では、立方体が回転されて 23 種

のローテーションが作られ、60人以上の弦楽器奏者が全て異なるスピードでグリッサンドする《メタスタシス》では、音楽スコアに先立って特定の点へと集束していく多数の曲線が作図された。クセナキスのスパシアリゼーションは、六つの同心円上にオーケストラメンバーを配置する《テレクトール》や、6人の打楽器奏者が聴衆を取り囲んで配置され発音タイミングが様々な形で移動していく《ペルセファッサ》など、シンプルで明快な視覚形を音楽形式として実現している。

　そして複数の点としての空間は《ポリトープ》に実現された。〈ポリトープ〉の語は、文字通りには「複数の場所」を意味しており、モントリオール、ペルセポリス、クルニー、ミケーネなどの地名、あるいは、仕切られた建造物の屋内空間のなかで聴取するポジションが特定される。

　様々なスケールでリアルな三次元地点が特定の場所として、作曲家によって指示され、屋内の場所には光と音、およびその移動が設置される。音楽と視覚をアナロジカルに照合させるこのプロジェクトは、たとえば1967年のモントリオール万博フランス館においては、建造物の7階建を貫くヴォイド空間に、20～31メートルの、捻りあわせケーブル約200本をパラボラ形状に張り巡らせた「透明な空間」が実現された（Kanack, 2006）。モントリオールの《ポリトープ》では、ケーブル上には約1200個のフラッシュ電球がつけられ、その点滅と色が統計計算され、クセナキスによる「シナリオ」［注4］に従って制御された。800個の電球は白色で、残りの400個は、黄、緑、赤、青であった。音楽はマリウス・コンスタン指揮のフランス国営放送アンサンブル・アルス・ノヴァによって録音され、音と光の約6分のスペクタクルが上演された。あらかじめ録音したアコースティック音楽がディフュージョンされて光と音で上演されるという形態は、1970年大阪万博鉄鋼館で上演されたクセナキスの《ヒビキ・ハナ・マ》と類似するが、モントリオールでは音よりも光の空間デザインに主眼が置かれた。

　《ポリトープ》の目的についてクセナキスは以下のように説明している。

始まりは生きる意志、すなわち私の手と頭で何かを生み出したいという
ことだった。ポリトープに関して言えば、自然の中で見れば低い次元に
おいて再創造しようという考えに取り憑かれた。自然という概念は、地
球に限定せず、宇宙をも含んでいる。宇宙から地球を見ると、百年前に
は存在しなかった人工的な光で照らされた球を見ることになる。［注5］

　《ポリトープ》というサイトスペシフィックな視聴覚スペクタクルにおい
て、空間概念はソロモスが整理した三つの局面の全てを関連づけている。ソ
ロモスの議論は、2014年6月にベルリン工科大学で行われた、「聞き取り得
る空間のための作曲」というテーマの国際会議で発表されたのだが、この会
議では、クセナキスは様々な角度から挑戦する才能に恵まれた特別な存在と
考えられ、研究者や創作者の議論は、クセナキス研究よりも、むしろ、電子
音響音楽は空間をいかに構築していくかという一般的方法論へと向かった。
　高度に発達した電気制御技術を背景とする現代の電子音響音楽では、クセ
ナキスが対峙した空間の三つの局面は、すでに当然のこととして話題にの
ぼっている。この分野のエキスパートであるサイモン・エマーソンは、小か
ら大へ、近くから遠くへ、など、リアル空間では順序だってスケールを成し
て並んでいる空間が、電子音響音楽の作曲においてはしばしば攪拌され、入
れ替えられて仮想の空間を形成する、と言っている（Emmerson, 2015）。イ
ベント会場において、ステージ、客席、場外の景色の三つは、小から大へ、
近くから遠くへというスケールを成しているが、電子音響音楽の作曲では、
三つは重なって混じり合うこともありうるということである。
　エマーソンが論じた「イベント会場」を「コンサートホールの建物」と言
い換えれば、電子音響音楽は、まさに冒頭で述べた「音楽の抽象 and 建築
のリアル」が重なり合って結ばれている状態にある。クセナキスの《ポリトー
プ》もまた「音楽の抽象 and 建築のリアル」が結束されている作品であり、
そこではサウンドよりもむしろ光のインスタレーションという視覚要素が、
音楽と建築を結ぶための強固な媒体となっている。

5. テレマティック音楽における複数のリアル空間と仮想空間

　電子音響音楽に関わった作曲家と技術者たちは、リアル空間と抽象空間の新しい関係を導いたが、それとは別の意味で、近年急速に発達した通信技術もまた新しい空間次元を生み、音楽に影響を与えている。

　コロナ対応社会にあって、遠隔地間音楽アンサンブルは形態的にも内容的にも急展開した。ネットワークを介して複数のリアル空間が仮想的に共有する新たな空間次元が切り開かれ、仮想の場に関して、音楽の新しい表現を生んでいる。

　遠隔地に分断された演奏家たちが通信を介してアンサンブルを行うテレマティック音楽において、最も重要な技術的課題は通信遅延である。通信遅延の一般的な数値は 0.1 ～ 0.2 秒だが、単に遅れるのみでなく常に変動しているので、音楽アンサンブルにとって致命的な悪影響を与える。一方、2010年頃に大学をはじめとする高等学術機関では ipv6 を介する P2P の通信が話題になり、スタンフォード大学の jacktrip を使用する大陸間アンサンブルが、太平洋を越えてアジアやオセアニアでも実施された。その時すでに、通信遅延を音楽の中に取り込み、ミニマルミュージックのようなズレを表現要素と考える作品や論文が、国際的なコンピューター音楽学会等で発表されていた（Chafe, 2004）。

　先駆的なテレマティック音楽の代表例は、ポーリン・オリヴェロスの実践である。オリヴェロスは、通信メディアとしての電話からインターネット普及までを背景として遠隔音楽演奏を考察し、クリス・チェイフらとともにjacktrip 開発への道を開いた。オリヴェロスは、音楽創造の主軸を人々のコミュニケーション拡張に置き、「汎用性があり社会全体を変革していく技術として通信が変化していくならば、音楽アンサンブルを遠隔で行うことを実施しないではいられない」（Oliveros, 2009）と述べている。遅延は技術的課題ではあるが、我々は電子音響音楽におけるグルーヴやリバーブ、古典的な

作曲手法としての模倣やエコーを知っているし、遅延を音楽化することはそれほど奇異ではない。

オリヴェロスの協力者で Journal of Network Music and Arts の創設者である作曲家サラ・ウィーバーの指摘（Weaver, 2020）をまつまでもなく、遅延をゼロとすることは技術的には不可能であり、遠隔に離れて演奏する人間やそれを聞く聴衆は それぞれのリアル空間に生きていて、各空間にとってそれぞれ固有の時間の中に存在している。A 地点と B 地点は「場所＝空間」が離れているだけではなく、同じ時間を共有することもないのである。異なる空間と異なる時間が結ばれるテレマティック音楽は、A 地点でも B 地点でもなく、仮想空間の仮想時間の中に展開されている。

テレマティック音楽では、リアル空間が確かに存在していることを示すために、しばしば映像が観客に提示される。A 地点には B 地点を映すリアルタイム映像が、B 地点には A 地点を映すリアルタイム映像が投影されるのであり、A 地点にいる観客は、A 地点のステージ上の演奏者と映像内に映る B 地点の演奏者が「時間を共有していない」ことにしばしば気づき、一つの音楽作品をアンサンブルで演奏していても、リアル空間は複数存在し、統一的時間は存在していないことを感じる。リアルタイム映像で遠隔にいる者どうしが互いのリアル空間の存在を認知するが、しかし時間は共有されない、というこの状況を前提として、今日のコンピューター音楽では、映像と音声の転送速度の差の視覚化や、リモート空間でのインタラクションを二画面映像として配信するなど、新たな音楽形態が試みられている（Lemmon, 2019）。テレマティック音楽は、リアル空間が確かに存在するという事実を強調しながらも、作品のサウンドが十全に鳴り響くリアル空間は存在しない、という逆説的状況をつきつけている。

〔注〕
1 『トピカ』では第 2 巻第 26 章 1403a17-18、第 1 巻第 2 章 1358a10-32 など。アリストテレスのテキストについて、Loeb Classical Library の希英対約と http://www.

perseus.tufts.edu/ における英訳を、邦訳は、出隆監修・山本光雄編『アリストテレス全集』(1968-73) を参照した。

2　下線は筆者による。小節番号はクルトの表記に従っている。以降の引用も同様。

3　1970 年に開催された大阪万博の西ドイツ館は、シュトックハウゼンの 11 か条に対する一つの回答として建造され、ベルリン工科大学では建築音響・電子音響双方の資料がアーカイヴされている。

4　クセナキスのいくつかの作品草稿には、出来事や機械操作などがいつどのように起こるかのタイムテーブルが示されており、それらは「シナリオ」と呼ばれている。

5　クセナキス自身は、四つの主要なポリトープ実施と大阪万博でのエネルギッシュな数年を経た直後と推定される時期のメモに、「場所」と「空間」を再考するテキストを残している。

〔参考文献〕

1　今道友信『アリストテレス』〈人類の知的遺産 8〉、講談社、1980年、pp.186-187。

2　Kurth, Ernst. *Bruckner*, 1925; rep. Hildesheim: Olms, 1971.

3　Nauck, Gisela. *Musik im Raum - Raum in der Musik. Ein Beitrag zur Geschichte der seriellen Musik*, 1997.

4　Adorno, Theodor Wiesengrund. *Philosophie der neuen Musik*. Frankfurt, 1949. p.273.

5　Motte-Haber, Helga de la. Zum Raum wird hier die Zeit, in *OMZ (41)*, 1986. Motte-Haber, Helga de la. *Musik und Bildende Kunst, Von der Tonmalerei zur Klangskluptur*, 1990.

6　Solomos, Makis. The Complexity of Xenakis's Notion of Space, in: *Kompositionen für hörbaren Raum*, 2015.

7　Kanack, Sharon. Polytope de Montréal, in: *Iannis Xenakis, Musique de l'architecture*, 2006, pp.287-290.

8　Xenakis, Iannis. Topoi, (1970/2006). *Iannis Xenakis, Musique de l'architecture*, 2006, pp.211-217.

9　Emmerson, Simon. Local/Field and Beyond, in: *Kompositionen für hörbaren Raum*, 2015.

10　Chafe, Chris and Gurevich, Michael. Network Time Delay and Ensemble Accuracy: Effects of Latency, Asymmetry, AES convention paper 6208, 2004.

11　Oliveros, Pauline. From telephone to high speed Internet: A brief history of my tele-musical performances, in: *Telematic music: Six perspectives. Leonardo Music Journal 19（1）*, 2009, pp.95-96.

12   Weaver, Sarah. Synchrony: Music of Sarah Weaver and Collaborations（2006–2019）. in: *Journal of Network Music and Arts (2)*, *1*, 2020.

13   Lemmon, Eric C.. Telematic Music vs. Networked Music: Distinguishing Between Cybernetic Aspirations and Technological Music-Making, in: *Journal of Network Music and Arts （1）*, 1, 2019.

Mizuno,Mikako and Suzuki, Yoshihisa. Diastema for the time floating between the networked remote places. International Conference on New Interfaces for Musical Expression 2021.

生きるということ：間合いと循環的な流れ

諏訪正樹

　寄せては返す波。ときの経つのも忘れ、ずっと佇んでいられる。居心地が
よい。なぜなのだろうか、これはどういう類いのものごとなのだろうか、と
最近よく考える。

　なにかが息づいているようだ。息づくってどういうことなのか。「息•つく」
だから呼吸か?!　「寄せては返す波」のなにが「呼吸」しているのか。

＊＊＊

　呼吸とは、身体が環境から酸素を取り込み、身体中の細胞にそれを届け、
二酸化炭素を排出する、生きるための基本行為である。空気を吸い込み吐き
出すために肺が収縮と膨張を繰り返す。肺の先には血流の循環系が控えてい
ることによって、身体の隅々が環境とつながりを持つ。このように、収縮と
膨張の往還を通じて、身体の中に「循環的な流れ」がつくりだされる。それ
が「生きる」ことの礎である。

　血管・臓器・筋肉・骨は互いに、（もっとミクロにいうならば）細胞と細
胞は互いに接点を動的につくりだし、各々の接点で物質・エネルギー・情報
をやりとりしている。肺や皮膚の細胞は空気の構成要素と接点を持つ。さら
に、空気は環境を構成する多種多様な要素と接点を持つ。だからこそ森の傍
に漂う空気は、都会のビル群を彷徨う空気とは構成が異なる。こうやって、
身体のあらゆる細胞と空気と環境は、複雑に接しあい、つながりあっている。
身体は環境に埋め込まれ、絡まりあっているのである。

　「物質・エネルギー・情報のやりとり」は、福岡伸一氏［注1］の書『世
界は分けてもわからない』（福岡、2009）から引用した文言である。生物学

者の福岡氏は、「生きている」ことを解明しようとする生物学者たちのジレンマを以下のように表現する。

　動き続けている現象を見極めること。それは私たちが最も苦手とするものである。だから人間はいつも時間を止めようとする。止めてから世界を腑分けしようとする。（中略）
　時間が止まっているとき、そこに見えるのはなんだろうか。そこに見えるのは、本来、動的であったものが、あたかも静的なものであるかのようにフリーズされた、無惨な姿である。（中略）私たち生物学者はずっと生命現象をそのような操作によって見極めようとしてきた。（中略）
　構成要素が、絶え間なく消長、交換、変化を遂げているはずのもの。それを止め、脱水し、代わりにパラフィンを充填し、薄く切って、顕微鏡でのぞく。そのとき見えるのはなんだろうか。そこに見えるのは、本来、危ういバランスを保ちながら、一時もとどまることのないふるまい、つまり、かつて動的平衡にあったものの影である。（pp.272-273）

「循環的な流れ」と先に書いたことは、福岡氏の弁を借りれば「構成要素の絶え間ない消長、交換、変化」である。臓器・血管・筋肉・骨は、空気や食物を通じて環境と接し、常に自らの身を刷新する動的平衡にある。それが「なにかが息づいている」ことの正体であろう。なにかとは何か。もちろん「生きる力」である。
　打ち寄せては返す波に息づきを感じるのは、外洋から波がやってきて何かが残り、何かが戻されていくという交換がそこにあるからではないだろうか。波が打ち寄せるとき砂浜は押されて収縮し、波が返すとき膨張するというふうに見えなくもない。
　身体が収縮と膨張を手段として呼吸することへのアナロジーを、私たちはそこに見てとる。砂浜と外洋の交換・やりとりを垣間見ているだけなのに、まるで大地が呼吸しているかのように感得し、はたまた、私たちの呼吸と大

地の呼吸が呼応するような、自分ごととしての感覚を得る。だからこそ、ときが経つのも忘れ、ずっと佇んでいられるのかもしれない。この点については後で再訪する。

* * *

　循環的な流れが「生」の本質であることに疑いはない。しかしながら、循環的な流れは外から見えないことが多い。息の流れも、血流・体液の流れも、（後述する）心の動き・巡りも見えにくい。代わりに見えるのは、循環的流れを体内に生み出す源としての小さな動き（収縮と膨張）である。息を吸うとき、体内に取り込んだ空気の圧力で身体は膨らむ。吐き出すときは内圧が下がり身体は縮む。身体は空気の取り込みと排出に伴う圧力エネルギーの変化を敏感に感得するがゆえに、収縮と膨張という小さな動きが身体に生じるのだ。

　その現象が生じるのは、なにも、相手が空気の場合だけではない。環境のさまざまな動きに相対するとき、身体は多かれ少なかれ「圧力エネルギーのようなもの」を受け取り、対処する。ハエが顔面に向かってきたら、そのように小さな相手でさえも、そしてハエだと認識するよりも先に、圧力エネルギーを感じて反射的によける。ましてや、巨体の人物がすばやく間を詰めてきたら、あるいは自動車が高速で突っ込んできたら、身体に押し寄せてくる圧力エネルギーは著しく大きい。生命の危機を覚え、生き延びるために逃げの一手に出る。向かってくる人やモノの質量が大きければ大きいほど、速度が速ければ速いほど、私たちはより大きな圧力エネルギーを感じる。

　ちなみに、「エネルギーのようなもの」とは、諏訪らの書『「間合い」とは何か 二人称的身体論』（諏訪ら、2020）で間合いという現象を説明するために導入した新しい概念であり、物理的な「エネルギー」概念に則るものである。その概念は、身体が外界の事物の動きから感得する圧力はその事物の質量や速度に大いに依存するという経験的事象をうまく反映している。

　身体が環境の事物の動きから圧力エネルギーを受け取ったり、身体が環境にむけて圧力エネルギーを放ったりすることによって、私たちの身体には小

さな動き（収縮と膨張）が生じる。巨体の他者が押し寄せてくれば、その圧力を真正面から受けないようにひらりと身を躱したり逃げたりする。残念ながらそうできないと悟ると、瞬間的に身体を収縮させて衝突を吸収しようとする。

　私たちがそのように対処するのは、相手が物理的な事物の場合のみではない。攻撃的なことばを浴びせかけられたら、巧みに論点をずらしたり、責任転嫁したり、無視したりなどをついやってしまうのは、攻撃的なことばが有する「エネルギーのようなもの」をまともに浴びたくないからであろう。そんなとき身体は瞬間的に収縮しているに違いない。

　一方、私たちが環境を相手に何かを仕掛けたり圧力を浴びせかけたりするときには、私たちの身体は膨張しているのかもしれない。いや、身体を膨張させながら仕掛けない限り、功を奏しないはずだ。

　「間合い」は、私たち一人ひとりが生きていく上で、日々遭遇するものごとである。そこで為されているのは、身体と環境のあいだで刻々生起する「圧力エネルギーのようなもの」のやりとりであるというのが先の書の主張である。「ようなもの」という曖昧に映る文言が付記されている理由は、「攻撃的なことば」の事例を見てもわかるように、間合いが単なる物理的な動きだけに依拠するわけではないからである。

＊ ＊ ＊

　ここまでの言説をまとめると以下のようになる。私たちの心身は環境とのあいだで「圧力エネルギーのようなもの」のやりとりを行っている。そのやりとりは私たちの身体に収縮と膨張という小さな動きを生み出し、それこそが体内に循環的な流れをつくりだす源である。私たちの心身はそうやって生きている。

　ここで初めて「心身」と書いた理由は、身体が生きるのと同時に、私たちの心も生きているからである。心も環境とのあいだでやりとりをしながら、その結果として、心に循環的な流れをつくりだしている。以下、例を挙げる。

　まずは、再び、波の例である。波が寄せては返すとき、私たちは呼吸のア

ナロジーを見てとるだけでなく、私たちの心身は波とのあいだで間合いの調整を行っているのである。ざぶ～んと強く打ち寄せれば大きな圧力エネルギーを感じ、ちょっと身を引いて身構える。怖さを感じることもある。ざあっと勢いよく引いていけば、あたかも私たちの身体は限りなく膨張し波を押し返しているかのような妄想も生まれたりする。波と衝突して圧力エネルギーをまともに受けることは避け、うまく押し引きの調整を行っているのだ。身体的にも心理的にも。間合いの調整である。

　他の事例も挙げよう。ぼくは、カフェ空間における居心地の研究をしてきた。詳しくは（諏訪、2022）に委ねるとして、このコラムではエッセンスだけ紹介する。ぼくがよくいく街に、大通りに面したこぢんまりしたカフェがある。間口がとても狭い。大通りから（鈍角の角度で）Y字分岐する小さな脇道がちょうど始まるところにカフェの建物があるので、カフェのファサードは大通りや歩道と平行ではなく、かなり斜めの角度を為している。この斜めが、実は、このカフェの居心地に大きな役割を果たしているのだ。

　斜めだからこそ、一番窓際の席でなくても、比較的窓に近い位置に陣取るだけで、大通りや歩道の車・自転車の往来がかなり遠くまで見通すことができる。しかも、大通りはその方向に向かって上り坂になっている。そういった物理的な立地条件に促され、坂を下ってくる車の様子を、つい、遠くからずう～っと眺めることになる。近づくにつれて圧力エネルギーの増大をまざまざと感じる。決してぶつからないことはわかっているので、安心しながらも、エネルギーの増大をぞくぞく楽しんでいる。坂を上っていく車の場合は、その軌跡をずいぶん遠くまで追いかけて見送ることになる。「あの車、いずこへ旅立とうとしているのか」などと思いを馳せたりする。F1レースの迫力を間近で感受するときの臨場感はないものの、強い波が打ち寄せたり激しく引いていったりする現場に居合わせたような感覚に陥る。外界の活発な動きに遭遇して、ぼくの心身は押し引きのやりとりを繰り返しながら、カフェに佇んでいるのだ。これも間合いの調整である。

　「ぞくぞくする」とか「いずこへ旅立つのか」は妄想である。「妄想」と言

うと悪い意味に捉えられがちであるが、妄想は大いに結構。妄想は、環境の動きに自分なりの意味や解釈を見出し、自由に発想や連想を巡らすという「循環的な流れ」が心に生起していることの証だから。身体だけではなく心も、環境とのあいだに間合いを形成しているのだ。そうして初めて私たちの心身は居心地を見出し、安心して佇むことができる。

　最後に一言だけ。このコラムでは、心身が相対する外界のことを「環境」と称してきたが、間合いという概念を持ち出した今、それらはすべて「空間」ということばで置き換えてもよい。心身にとって「環境」が「空間」になるのは、物理的にはなにも存在しない中空領域とのあいだに心身が間合いを形成するからではないだろうか。「空間」とはそういう意味のことばだとぼくは考えている。

　「エネルギーのようなもの」のやりとりを通じて身体は小さな動き（収縮と膨張）を繰り返し、それが源となって心身に循環的な流れが生起する。そうしたものごとが成立した暁には、心身は環境との間合いを形成し終えている。「環境」は自分ごととしての「空間」に格上げされ、安心して佇めるようになる。心地よく生きているとはそういう状態を指し、それが未来に向かって生きる力を生む。

〔注〕
1　ぼくは福岡氏の著作の大ファンである。

〔参考文献〕
福岡伸一『世界は分けてもわからない』、講談社（現代新書）、2009 年。
諏訪正樹『一人称研究の実践と理論 —「ひとが生きるリアリティ」に迫るために』、近代科学社、2022 年。
諏訪正樹（編著）、伝康晴、坂井田瑠衣、高梨克也（著）『「間合い」とは何か —二人称的身体論』、春秋社、2020 年。

編著者

古川聖（Kiyoshi FURUKAWA）
ベルリン芸術大学、ハンブルク音楽演劇大学にて I. YUN、G. Ligeti のもとで作曲を学ぶ。スタンフォード大学で客員研究員、ハンブルク音楽大学で助手、講師を経てドイツ、カールスルーエの ZKM でアーティスト研究員。作品は、新しいメディアや科学と音楽の接点において成立するものが多い。東京藝術大学美術学部先端芸術表現科教授。

藤井晴行（Haruyuki FUJII）
早稲田大学、同大学院にて建築学を学ぶ。カーネギーメロン大学にて哲学・計算言語学を学ぶ。シドニー大学にてデザイン・コンピューティングを学ぶ。形式言語の統語論・意味論、機械翻訳の理論、認知言語学を応用し、デザインの学術の方法論を構築する実践的研究と研究的実践に従事している。東京工業大学環境・社会理工学院教授。

濵野峻行（Takayuki HAMANO）
国立音楽大学音楽文化デザイン学科卒業。オランダ王立音楽院ソノロジー研究科修士課程修了。2014 年まで、科学技術振興機構 ERATO 岡ノ谷情動情報プロジェクト研究員。東京藝術大学大学院美術研究科博士後期課程修了。現在、国立音楽大学音楽学部演奏・創作学科コンピュータ音楽専修准教授、ならびに株式会社coton 最高技術責任者。

左から藤井晴行、古川聖、濵野峻行

執筆者

水野みか子（Mikako MIZUNO）　名古屋市立大学大学院芸術工学研究科教授

諏訪正樹（Masaki SUWA）　慶應義塾大学環境情報学部教授

田中翼（Tsubasa TANAKA）　東京藝術大学非常勤講師、音楽情報科学

毛利嘉孝（Yoshitaka Mōri）　東京藝術大学大学院国際芸術創造研究科教授

建築が夢見る音楽
Architecture dreams Music (AdM)
〜音楽と建築をつなぐこころみ〜

発行日：令和 6 年 5 月 1 日　初版発行
編著者：古川聖・藤井晴行・濱野峻行
発　行：東京藝術大学出版会
連絡先：〒 110-8714　東京都台東区上野公園 12 − 8
　　　　TEL：050-5525-2026　FAX：03-5685-7760
　　　　URL：https://www.geidai.ac.jp/
編　集：川田龍哉
印刷製本：モリモト印刷株式会社

定価はカバーに表示してあります。